JN114059

1人1人の個性を生かした通知表の書き方&文例集

第2版

渡部理枝［編著］

小学校中学年 3・4年生

ナツメ社

はじめに

８年前につくられた本書が長い間、みなさまのお役に立ってきたことを大変嬉しく思います。子どものさまざまな姿をよさととらえ、さらに伸ばそうとする教師の姿勢の大切さは、今も全く変わりありません。

学習指導要領が改訂され、資質・能力の３つの柱が３観点の学習評価として示されました。今回の改訂にあたり、本書を読み返して感じることは、さまざまに変化があろうとも大切なのは、教師の確かな評価観における見取る力です。子どもたち自身が自らの学びを振り返り、次の学びに向かうことができるようにするためには、学習評価のあり方こそが重要だからです。子どもを見取り、それを伝える確かな評価が子どもの適切な自己評価につながります。

子どもの真のよさは、表面に表れるものばかりではありません。そして学校の中のふとした瞬間に見せた子どものよさは、教師にしか見取ることはできません。

本書の中に多数取り上げられていますが、誰にも認められなくても、行事の成功を願って陰でひたむきに活動する姿や、自分のことよりも友だちのことを願い行動する様子が述べられています。その子どもを「輝いている」と表現できるのは、教師に深い子ども理解と洞察力が備わっているからこそです。

さらにこの本の中で大切にしてきたことが「かかわりあいながら、ともに伸びようとする力」です。下学年が喜ぶことをするために試行錯誤する様子や、よい学級にするために努力を惜しまない姿勢など、本書の中で多数取り上げられていますが、これこそが、子どもの評価すべき大切な観点です。学習評価の中に直接表れるものでないとしても、学びの基礎となり、子どもの意欲となり、子どもの学ぶ力に根底で結びついています。

子どもは日々よくなりたいと願い努力を重ねています。子どもの真の姿を見取り、そのよさを子どもに伝えられる教師になられることを心から願っています。

2021年５月　渡部 理枝

Contents

1人1人の個性を生かした
通知表の書き方&文例集
小学校中学年 第2版

第3章 通知表所見文例 …… 31

●教科別●

●タイプ別●

Message

一人ひとりの通知表を手に取り、胸が熱くなることがあります。教師が、学級の子どもの活動をしっかりと見取り、結果にとらわれず過程を的確に評価しているからです。

見取り方によってはマイナス面と考えられることも「よさ」ととらえ、こうなってほしいという切実な願いとともに語られているからです。

逆に、心を込めて書いてあるとはわかっても、授業や行事などで行ったことだけが羅列され、どのように評価したのかわからず、教師が伝えたいことがはっきりしないものもあります。

言うまでもなく前者のような所見を書くことが、私たち教員の使命です。たった数行の文章が、子どもや保護者に喜びを与え、将来の目標や希望を見出させることがあるからです。

それでは、どうすれば相手の心に届く所見が書けるようになるのでしょう。

残念ながら、このような文章は一朝一夕に書けるものではありません。そのためには、明確な子ども観と教師としての力量が必要だからです。小手先の作業ではとても書くことはできません。

しかし、人に感動を与える文章を書きたいと切実に願い、子どもの見方やとらえ方を真摯に学び、「書き方を学ぶ」意欲をもてば、必ず前者のような所見に近づきます。

さらに、書き方を学ぶことは、広い視野を身につけることになり、授業力向上にも生活指導力向上にもつながると言っても過言ではありません。

このような書き方を身につけていただくために、本書の中では、具体例を交えながら、わかりやすく所見の書き方を解説しています。

この本を手に取った方々が、適切な評価をもとに子どもたちの心に響く通知表を作成することができ、所見を読みながら「この先生に出会えてよかった」と子どもや保護者に思われるようになれたら、私たちにとっても、これ以上嬉しいことはありません。

2013年3月　渡部 理枝

第1章

通知表所見の基本的な考え方とルール

1 ポジティブなとらえ方が記述の基本

子どもの特徴を長所としてとらえる

　子どもを評価するときには、ポジティブ・シンキングが大切になります。なぜなら、欠点ととらえるか、長所ととらえるかは紙一重の違いでしかないからです。例を挙げて説明をしてみましょう。

　自己主張が強く、自分がやりたいことをやってしまう子どもがいたとします。

↓

　これを、このように表現してみます。

　自分のやりたいことに向かっていく積極性は、誰もが認めるNo.1です。また、自分で考えたことを言葉にする表現力にも優れています。

　このように書くと、欠点と見えていたことが長所に変わります。

　マイペースで、まわりと協調することが苦手な子がいたとします。

↓

　自分のやるべきことをしっかりと意識して、まわりに流されず、意志をもって行動することができます。

　ポジティブ・シンキングとは、欠点と見えることでもその見方、とらえ方を変えて、その子の「よさ」を引き出してあげることです。

子どもを多面的に見ることが大切

このようにとらえていくと、教員自身もその子のよさに気づくことがあります。注意ばかりしていた子への見方を変えると、よさとして認めることができるようになり、指導の仕方が変わり、学級の中の子どもたちの眼も違ってきて、そして本人が変わることさえあります。

このような見方ができるよう、日頃から自分自身を鍛えておく必要があります。子どもを多面的にとらえ、自分自身の感じ方に固執せず、さまざまな見方をすることです。

例えば、いつも同じ注意をされる子どもがいたときに、他の教員に聞いてみると意外なよさに気づきます。また、「よいところ見つけ」※などの演習を取り入れていくと、また違ったよさに気づくこともあります。

※よいところ見つけ…構成的グループエンカウンターやソーシャルスキルトレーニングなどで用いられる手法のひとつ。一人ひとりの子どものよいところを、それぞれの子どもが見つけ、伝えていくという演習です。

2 評価の内容について

評価した点が伝わる所見にする

所見を書くときには、つい「子どもの行動」や「行ったこと」を述べたくなります。学校であったことを説明しないと、読み手に伝わらないと考えてしまうからです。しかし、事実のみを羅列していくと、何を伝えたいのかわからなくなってしまいます。

例えば、次ページのような文章があります。これに評価を加えると、このようになります。

朝一番、大きな「おはようございます」の声とともに教室にやってきます。ひらがなの学習では、一字ずつ丁寧に練習し、イラストを使って楽しい短文をつくりました。みんなでうたう曲に振りつけをしたり、『おおきなかぶ』の演技で監督をやったりしました。

↓

朝一番、大きな「おはようございます」の声とともに元気に教室にやってきます。新しいことに目を輝かせて取り組む意欲が何より素晴らしいです。ひらがなの学習では、一字ずつ丁寧に練習する一方で、イラストを使って楽しい短文をつくるなど、楽しく学ぶ工夫が自然にできます。みんなでうたう曲に振りつけをしたり、『おおきなかぶ』の演技で監督をやったりと活動するアイデアにあふれています。ノート配りの仕事のほかにも、自分にできることはないか注意を払い、みんなのために動くことを惜しまない頼もしさがあります。

が評価を加えた部分です。このように述べると、子どもの様子がいきいきし、教員が何を評価したのかがわかる所見になります。

効果的な「保護者が知らない一面」「意外な一面」

事実を述べるにしても、「保護者が知らない一面」を取り上げて知らせるという書き方もおすすめです。次のような内容は、より効果的な所見になります。

遠足で駅に向かう道では、たくさんの町の人たちに、大きな声であいさつをしながら行きました。自分にもあいさつで町を明るくすることができる力があることに気づいたようでした。

テラスで育てている野菜を愛情いっぱいに世話し、大きく生長していく様子を見守りました。また、テラスがきれいに保たれるように進んで掃除をし、「みんなのために」という意識が定着しています。

体育係となり、体育の時間には大きな声で整列や準備運動の号令をかけ、元気いっぱいに活動することができました。寒い日に教室に残っている友だちがいると、「外に出て走ると、温かくなるよ」と声をかけて、みんなが元気に遊べるように呼びかけました。

保護者が初めて知るわが子の一面は、保護者には大きな喜びとなり、インパクトのある所見になります。教師はそのような機会を見逃さず、普段から子どもの行動をしっかりと見取っていくことがポイントです。

3観点の学習評価

2017(平成29)年の小学校学習指導要領の改訂により学びの転換期を迎え、新しい評価観で子どもを見取ることが必要となりました。

学習指導要領に示されている「資質・能力の3つの柱」との関連性をもたせ「3観点の学習評価」が次のように整理されています。新しい考え方による評価について、注意すべき点を考えてみましょう。

資質・能力の3つの柱		3観点の学習評価
①知識及び技能 (何を理解しているか、何ができるか)	→	観点1 知識・理解
②思考力・判断力・表現力 (理解したこと・できることをどう使うか)	→	観点2 思考・判断・表現
③学びに向かう力・人間性の涵養 (どのように社会・世界とかかわり、よりよい人生を送るか)	→	観点3 主体的に学習に取り組む態度

3観点の学習評価

観点	注意ポイント
観点 1 **知識・理解** **「知っている」「できる」だけでなく、「わかる」「表現できる」「説明できる」への転換。**	知識・理解においては、今までの「知っている」「できる」レベルから「概念の理解」までが求められています。そのためにペーパーテストで理解の様子を知るとともに、概念の意味が理解できているかをはかることが必要になります。 ●概念の意味がわかり、説明ができる。 ●式やグラフで表せる。 ●芸術系では、理解したことが表現したり観賞したりする喜びにつながっている。

低学年の所見例	中学年の所見例	高学年の所見例
「たし算」では、「あわせて」「ぜんぶで」の言葉に着目し、根拠をもって式と答えを出しました。課題に向かう際は、「なぜ」「だって～だから」と自分なりに筋道を立てて友だちに意見を伝えることができました。	2学期の学習のめあてを「漢字の習得」とし、いつも意識して漢字練習を続けていました。目標に向かい努力しているので、漢字テストだけでなくノートや作文でも、正確な漢字を活用する力がついています。	活躍した歴史的人物や当時の歴史的背景などにも目を向け、社会的な事象を多面的にとらえることができました。習得した知識を十分に生かして、歴史新聞にまとめるなど、既習事項を確実に自分の力にしています。

観点	注意ポイント
観点 2 **思考・判断・表現** **理解した概念を「わかる」だけでなく、「使える」かどうか。**	思考・判断・表現では、身につけた知識・技能を活用して、課題を解決するために必要な思考力、判断力、表現力を身につけているかを評価します。 ●結果を予測しながら生活と結びつけて考え、解決に向けて努力をすることができる。 ●自分の考えを伝え、友だちの考えを理解し、グループの考えをつくることができる。

低学年の所見例	中学年の所見例	高学年の所見例
さまざまな植物の実が青から赤に変化することを根拠に、ミニトマトも青から赤へ変化していくと予想しながら、毎日の観察を楽しんでいました。いくつかの知識を組み合わせ、見通しをもって総合的に考える力が身についてきました。	「面積」の学習では、図形の面積を率先して求めることができました。そして、生活場面でよく見かける広さの特徴を見つけてまわりの友だちに言葉で伝えるなど、表現力の豊かさも光ります。	理科の「てこのはたらき」では、支点、力点、作用点の関係を理解し、さらに独自にゲームを開発しました。 遊びを通して理解を深めるなど、発想の豊かさを感じます。

「小学校、中学校、高等学校及び特別支援学校等における児童生徒の学習評価及び指導要録の改善等について（通知）」（2019年３月）

観点	注意ポイント
観点3 **主体的に学習に取り組む態度** **解決に向けて、粘り強く活動をしているか、自己の感情や行動を統制する力、自己を客観的にとらえる力（メタ認知）があるか。**	主体的に学習に取り組む態度は、挙手の回数やノートの取り方で評価するのではありません。子どもが学習のめあてをもち、進め方を見直したり、自己調整を行いながら知識・技能を獲得したりして、思考・判断・表現しようとしているかを評価します。 ●自分で学習めあてを設定し、解決に向けて工夫をしながら根気よく取り組む。 ●試行錯誤しながら、自己調整して最後まで取り組むことができる。 ●自分についた力を振り返ることができる。

低学年の所見例	中学年の所見例	高学年の所見例
『おおきなかぶ』のグループ発表では、おじいさん役として声色を変える練習をしたり、小道具や動作の工夫をしたり、劇がどうしたら楽しくなるか考えることができました。困っている友だちには動きのアドバイスをして、グループ全体でよい劇に仕上げることができました。	「ゴムのはたらき」の学習では、ゴムの長さや帆の大きさによって車の速さが変わることを学び、まっすぐに長距離を走るオリジナルのおもちゃの車を作りました。帆の大きさを変えたり、ゴムの力を変えたりと、何度も試行錯誤しながら工夫して取り組むことができました。	「ふりこ」の実験では、ふりこの重さや振れ幅を変えてもふりこが一往復する時間が変わらないことを不思議に思い、自主的に何度も条件を変えて実験しました。くり返し教師に質問し、納得できるまで問題に取り組む姿勢に、理科への深い関心が見えます。

この３観点を理解すれば、学習部分の所見の書き方が変わってくるはずです。この本の中では、３観点の学習評価を下のアイコンで示しています。

●３観点と外国語活動・外国語（4技能５領域）の評価の観点

3観点の学習評価 ＼ 外国語活動・外国語の評価の観点	観点1 知識・理解	観点2 思考・判断・表現	観点3 主体的に学習に取り組む態度
聞くこと	観点1・聞く	観点2・聞く	観点3・聞く
読むこと	観点1・読む	観点2・読む	観点3・読む
話すこと（やりとり）	観点1・話す	観点2・話す	観点3・話す
話すこと（発表）	観点1・発表	観点2・発表	観点3・発表
書くこと	観点1・書く	観点2・書く	観点3・書く

ここでは学習のことのみ述べましたが、友だちとのかかわり方やリーダーシップ、行事への取り組み方などの評価も加え、その子の全体の様子や人となりがわかり、子どもにも保護者にも励みになる評価とすることが重要です。

3 記録の仕方を学ぼう

具体的な表記のためには記録が必要

読み手の心に残る所見を書くためにまず必要なものは、「子どもの記録」です。毎日さまざまなことが起こり、対応に追われて、あっという間に時間が過ぎてしまいます。所見を書くにあたり、いざ思い出そうとしても、うまく思い出せないことがしばしばです。

そこで重要になるのが、「子どもの記録」です。記録の仕方にはノート方式、名簿方式、カード方式などいろいろな方法があります。第2章では具体的な手法を紹介していますので、自分に合った方法を見つけ、自分なりに工夫していきましょう。

4 小さなルール、しかしとても大切なルール

きちんと意識していないと、つい書いてしまいがちな表現があります。以下に注意すべき表現について、まとめました。教員が言語感覚を磨き、言葉に敏感になることが大切です。

観点	記述例	理由
専門用語の羅列	①「課題解決学習」では、友だちの意見をよく聞き…… ②友だちを「受容的」な態度で受け入れ…… ③「社会的事象」についての理解が進み…… ④○○という「評価の観点」から言えば……	私たちは気づかずに一般的でない専門用語を使っていることがある。教員にだけ通用する言葉を使わないようにしたい。 ＊「技術の習得」「論理的思考力」「領域」「主要教科」など

観点	記述例	理由
他の子どもと比較する表現	①お兄さんは慎重に物事を進めましたが、○○さんは…… ②お隣の○○さんのノートの書き方を見せてもらいながら、学習を進めているのですが……	どんなときでも子どもを比較して評価をしてはいけない。気をつけたいのは、ほめ言葉で比較して使用しているからと安心しているときである。
偏見や差別につながる表現	①体重が重くて鉄棒運動は苦手ですが…… ②母国語が日本語でないため…… ③離婚後から落ち着きがなくなり……	気づかずに偏見や差別につながる言葉を使っていることがある。教員こそが、差別意識に敏感でありたい。 片手落ち、外人……などの差別的用語にも注意したい。
責任転嫁の表現	①計算力がなかなか身につきません。ご家庭での練習をお願いします。 ②身のまわりの整理整頓ができません。家庭でのしつけをお願いします。	身につかないことを家庭に求め、指導を家庭で行ってほしくなることがある。家庭とはともに同じ視点で、同じ方向を向いていることが大切である。家庭任せと思わせる表現には気をつけたい。
個人の評価のような表現	①私の教育信念では○○を大切にしていますが…… ②私の考えでは○○を進めていますが、それになかなか従えず……	教育は個人で行うものではない。学習指導要領に基づき、それを学校の経営方針の中で具現化しているのである。誤解されないような表現をしたい。
断定的な表現	①発達障害かと疑われますが…… ②自閉的な傾向が見られ…… ③軽度な遅れが見られるようですが…… ④ADHDのような行動が見られるため……	診断は医者が行うものである。行動を決めつけたような言い方には十分に気をつけたい。

5 友だちとのかかわり方に注目しよう

「コミュニケーションの力」も評価する

学校教育のよさの一つに「集団で活動する」ことが挙げられます。これから大人へと成長していく過程でも「コミュニケーションの力」が重要になります。友だちとのかかわり方について、保護者の方たちに大切なことだと認識していただくためにも、よさが見られたときにはぜひ取り上げたいものです。

ダンスでは悩んだ時期もありましたが、仲間からのアドバイスを受けて見事に踊りきりました。「みんながいたからできた」という言葉に表れているように、仲間の存在の大きさに気づくことができました。

誰に対しても分け隔てなく関係を築ける素晴らしい才能があります。「みんなで楽しくやりたい」という思いが、友だちへの好意的な働きかけに表れています。

6 特別な支援で力を発揮できる子には……

「特別視しない」ことが大切

特別な支援によって力を発揮できる子への所見を書くうえで大切なのは「特別視しない」ということです。できなかったことがサポートによってできるようになるのは担任として大きな喜びですが、それをそのまま書き表すと、「そんなこともできなかったのか」と思われがちです。

「できないことができた」と特別視せず、他の子を見るのと同じ視点で、その子のよさを評価しましょう。

× 1対1対応がなかなかできずに困っていました。しかし、タイルを並べて具体物を操作することで理解できるようになってきました。

↓

○ 1対1対応が具体物操作でできるようになってから、考えに広がりが見られます。大きな数の計算にも意欲をもつようになってきました。

また、ここでも子どもの欠点を指摘したり、非難がましい書き方をするのは禁物です。その子のよさを認めて、ほめ、励ましてあげるのは、どの子に対しても同じです。

× 授業中に何度もハイハイと元気よく手を挙げて指名を求めます。全員で学習をしているということを教えてきました。

↓

○ どんなときにも臆せず手を挙げる姿に感心しています。進んで意見を述べるので、クラス全体の話し合いが活発になります。

その子の中での成長を評価する

ここでも大切なことは、子どもを「比べて評価しない」ということです。大勢の子どもと接していると、いつの間にか他の子どもと比べて評価をしている自分に気づくことがあります。

子どもへの評価は、それぞれの子ども個人の中で成長したことを評価していくのです。教員はけっしてそれを忘れてはいけません。所見の書き方からも、その考え方を学んでいきましょう。

●この本の構成

文例を通してポジティブな見方を養おう

この本では、子どもたちの評価のカテゴリーを**「学習」**(各教科および自由研究、宿題など)・**「生活」**(生活態度、あいさつ、休み時間など)・**「行事」**(運動会、学芸会、クラス替えなど)・**「特別活動」**(学級活動、係活動、話し合い活動など)の４つに分けています。

言葉の扱いを巧みに、表現を豊かにすることも必要かもしれませんが、大切なのは子どもの「よさ」を積極的に見出して評価することです。本書を通して、ぜひ子どもたちに対するポジティブな見方を養ってください。

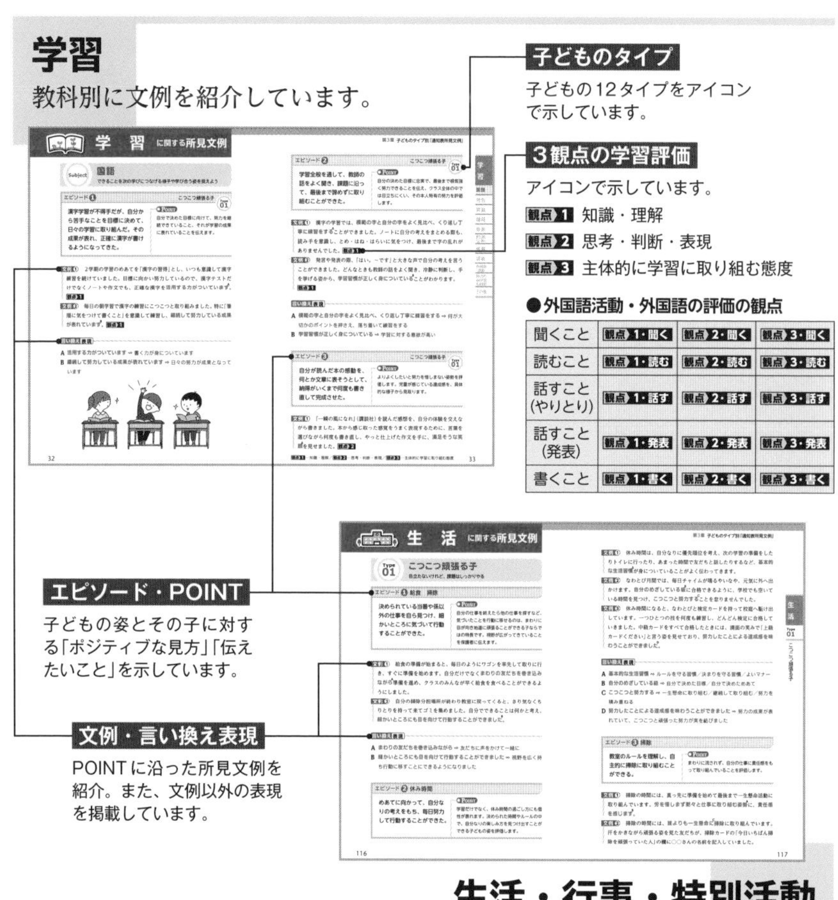

聞くこと	観点1・聞く	観点2・聞く	観点3・聞く
読むこと	観点1・読む	観点2・読む	観点3・読む
話すこと(やりとり)	観点1・話す	観点2・話す	観点3・話す
話すこと(発表)	観点1・発表	観点2・発表	観点3・発表
書くこと	観点1・書く	観点2・書く	観点3・書く

12タイプの子どもたち別に文例を紹介しています。

※「行事」は所見に書く内容が豊富なため、特別活動から抜き出しています。

第2章

所見作成に向けた情報収集・ストックのコツ

1 記録の取り方

通知表所見を作成するためには日々、子どもたちの活動を注視して、子どもたちそれぞれの情報を集め、記録しておくことが大切です。ここでは所見を書くための記録の取り方と、その効率的な方法を紹介します。

■ ノートに記録する

所見作成のための記録の取り方として、最も一般的なのは大学ノートなどを利用する方法です。子ども一人につき１ページから２ページを割り当て、日にちとそのときの状況を記録していきます。授業中や他の先生の授業を見ている間などに評価すべき点を発見したら、すぐ書き込めるように、いつも手元に置いておきましょう。

保護者面談のときの「こういう子になってほしい」という保護者の思いなども、ここに書いておくと、所見に生かすことができます。

時々見返してみて、記録の少ない子どもは特に注意を払って見るようにすると、所見を書く際に困らずにすみます。実際に所見を作成するときには、作文や日記など、他の資料を出席番号順に並べて、このノートを基点に情報をまとめていきます。「遠足で友だちの荷物を持ってあげた」「自分で調べた知識を発表していた」など、ノートに書かれたメモがきっかけとなって、作文などの内容とつながり、所見の内容に広がりが生まれます。

メリット	● 準備が簡単で、すぐ始められる。 ● 具体的な内容を書くことができる。 ● ひと目で子どもの記録がわかる。
デメリット	● ノートがかさばる。

■ 付せんにメモする

授業中にノートを広げてメモを取っていると、何を書いているのか子どもたちは気になってしまいます。そのような場合は、机の引き出しやポケットに付せんを用意しておき、子どもがよいことを言ったりしたときにメモを取ると目立ちません。

手札型のカードを使う教員もいますが、メモしたあと、手近なところに貼っておけるので、付せんのほうが使いやすいようです。誰のことなのか混乱しないように、付せんに子どもの名前も書くことも忘れないようにします。

メモした付せんは子どもの名前ごとに分類してノートに貼っておくのでもかまいませんが、定期的にメモの内容をノートに写して整理しておくやり方もあります。

メリット	● 持ち運びに便利。 ● いつでも、どこでも手軽に書くことができる。
デメリット	● 付せん自体が小さく、なくしやすい。

■ 座席表や出席簿を利用する

手軽に記録を始めるには、座席表や出席簿を何枚もプリントアウトして、授業中にメモをしていく方法もあります。ただし、書き込めるスペースが小さいので、日にち別、教科別というように、数枚の表が必要になります。記号などを使って、短い言葉でメモをするとよいでしょう。

既存の座席表や出席簿を利用するときは、保管する場所を決めて定期的に整理しておくことが大切です。所見を書く段階になって、せっかくの記録が見つからないなどということが起こらないように、このやり方の場合も、ノートなどにまとめて整理しておく必要があります。

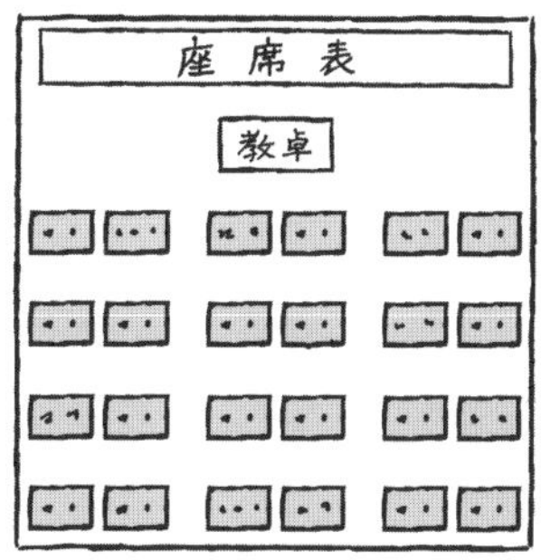

メリット	● 手軽に始められる。 ● どの子の記録か照合しやすい。
デメリット	● 書き込むスペースが狭い。 ● 枚数が多くなるので、しっかりとした管理が必要。

■ 市販の児童記録簿を使う

各教材メーカーが、日々の出席や教科別の記録をつけるための児童記録簿をつくっています。人によって使い勝手の良し悪しが分かれますが、さまざまな機能が盛り込まれているので、初めて記録を取る場合などは、こうしたものを使ってみるのもいいかもしれません。

このような既存のツールを使っていくうちに、自分にとって便利なやり方が見つかり、独自の方法を工夫していくことができます。

メリット	● さまざまな機能が盛り込まれている。
デメリット	● 人によって使う機能と使わない機能が分かれる。

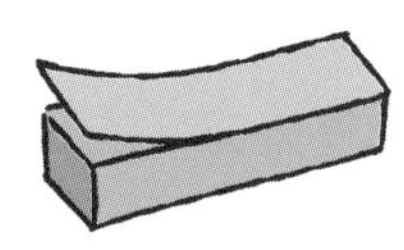

■ 子どもたちの日記を活用する

その日あったこと、思ったことなどを、日記や1行日記として子どもたちに書かせ、それを記録として活用します。所見に具体的なエピソードを生かすためにも、有効な記録方法です(日記ではなく、週に1回提出するようなものでもいいでしょう。この方法は「情報の集め方」にも分類できるので、詳しくは28ページ以降で紹介しています)。

低学年の場合、毎日書くのは難しいので、子どもたちの文章やノートから教員が見取ってメモを取っておく必要があります。その日あったよいことや、注意が必要なことを色分けして書いておくと、あとで見返しやすく、子どもたちとの接し方にも生かすことができます。

メリット	● 具体的な内容を知ることができる。 ● 子どもたちの内面を知ることができる。
デメリット	● 子どもと教員双方の時間を取る。 ● きちんと日記を書くためには練習が必要。

2 デジタル機器の活用

近年はさまざまなデジタル機器が登場し、教育の現場でも活用されています。デジタル機器は効率的に記録を取ることができますが、個人情報などデータの管理には細心の注意が必要です。

写真にするとこんなに便利

メモを取っている時間がない場合や記録すべき内容が多い場合、思わぬところで見つけた評価すべき事柄をとっさに記録する場合などには、デジタルカメラが便利です。「起動が早い」「手軽にすぐ撮影ができる」「記録したデータはパソコンで管理できる」などたくさんのメリットがあります。

■ 授業の終わりに黒板を撮影する

板書が1時間の記録となるよう授業を進めます。板書に授業中の子どもたちの発言をできるだけ名前つきで記しておくと、写真がそのまま1時間の授業記録になります。最後に1枚の写真に収めることができる板書に工夫することは、子どもたちにとっても簡潔でわかりやすい授業になります。

また、子どものよい発言を黒板に書くことで、クラスのみんなにもその子の活躍が印象に残り、学級経営にも好影響を与えます。ただし子どもの名前が入っている写真は個人情報ですので、取り扱いには注意しましょう。

ポイント デジタルデータは、学期末に紙の資料を探し集める必要がないのがよい点です。写真は日付や教科別などに分類・整理しておくと、あとで見返す際に自分の記憶と結びつけやすくなります。

■ 子どものノートを撮影する

子どものノートや作文も、特に印象的なものを撮影しておけば、所見を書く際に忘れて取りこぼしてしまうのを防ぐことができます。ノートの隅に書かれた子どもの感想など、メモを取るだけでは見落としてしまいがちな部分も、写真に撮ることで記録しておくことができます。

集めたデータは、子どもの名前や教科別に分類・整理しておくと活用しやすくなります。

ポイント　枚数の多いワークシートなどを集めたときは、返却前にスキャナーを使ってまとめて画像のデータにしておくと、手軽に、かさばらずに記録を残しておくことができます。その際、名前順に並べておくと探しやすくなります。

■ 子どもの作品を撮影する

図工や新聞づくりなどの作品は、その場で評価を書きとめておかない限り、保管にも手間がかかり記録しておきにくいものです。そこで、完成した作品を子どもに持たせ、作品と作者をいっしょに写真に収めておくと、所見を書く際に思い出しやすく、とても便利です。おもしろい作品があったのに、誰の作品だったか思い出せないなどという事態を防ぐことができます。

また学期末に、プリントアウトした写真を子どもたちそれぞれに作品集として渡すと、子どもたちにとってもよい思い出になるでしょう。

みんなの前で作品などを発表する際、書画カメラ（実物投影機）を使用している場合、画像として記録する機能があれば、特によいものを写真としてパソコンに保存することができます。

■ 普段の様子を撮影する

ノートや作文だけでなく、休み時間や掃除の時間、係活動など、メモを取りにくい状況で子どものよいところを見つけたときも、写真に撮って記録しておくとよいでしょう。授業の中だけでは見つけにくい評価すべき点を見つけ出し、保存することができます。

外部の人にとって、個人が特定できないように撮影をすると、評価用としてだけでなく、学級だよりやホームページなどにも活用することができます。保護者にとっては、学校内のことはなかなか見る機会がないので、普段の様子を伝えるのに役立ちます。

動画や音声、手書きのメモをデータで保存

■ ビデオカメラやボイスレコーダーで授業を記録

デジタルカメラ以外にも活用できるデジタル機器はたくさんあります。例えば、ビデオカメラを使うと、一人で簡単に授業記録をつくることができます。子どもたちの発言を記録するだけならボイスレコーダーも有効です。

最近は、自身の授業研究のために、動画を撮影している教員も少なくありません。毎回の授業を記録するのは大変ですが、大きな発表会や研究授業などの際には、授業記録を撮っておくことで、そのときには印象に残らなかった部分でも新たな発見があるかもしれません。

所見作成以外でも、授業記録をつくっておくことで、自分の授業を客観的に見直すことができます。自分の発問や子どもの反応、子どもの目線から自分の授業がどのように見えているのか、定期的に確認しておくのもよいでしょう。

■ デジタルメモを活用する

デジタルメモはちょっとしたことのメモを取るのに便利です。授業中の発表や学級会での意見などは、発言者の名前をつけてデジタルメモで打ち込んでおくと、所見作成時に子どもの名前で検索すれば、発言の内容をすぐに確かめることができます。

書いてすぐ消せるものや、手書きの図形などもデータとして保存が可能なもの、キーボードで入力するものなどがあります。タブレットパソコンよりも安く手に入るのも魅力の一つです。これらの機器はさまざまな場面で力を発揮できるでしょう。

学級会など、子ども同士の発言で議事が進んでいく状況では、一つの発言を抜き出すのではなく、簡単な議事録の形で記録を取っておくと、所見作成の際に「どんな流れで出てきた発言なのか」などがわかりやすくなります。

タブレットを上手に使いこなそう

今後、子ども1人に1台タブレットが配布されていきます。タブレットでは、先に述べた「写真」や「動画」「音声」「デジタルメモ」すべてを1台で担うことができます。さらに、表計算ソフトを使ってシートごとに子どもの記録を残したり、子どもの伸びしろをグラフで確認したりすることでもできます。タブレットを使いこなせば、子どもの様子を記録する幅がとても広がります。

■ ペアやグループで活動しているときに動画で撮影

小グループでの活動の際、全グループの活動状況を把握するのはなかなか難しいものです。そこで、主な活動をしているときにペアやグループでの様子をタブレットで録画をします。そうすることで、あとで落ちついて見返すことができます。特に活発な話し合いになったグループの活動は例として全体に紹介すると、子どもたちの学習意欲の向上にもつながります。

動画は撮影したあとに、学級のフォルダに子どもが自分たちで保存できるように事前指導をしておくと、便利です。

■ タブレットを活用した学習の記録

文章作成ソフトを使っての作文やプレゼンテーションソフトを使った発表などは学習の幅を広げるだけでなく、所見作成時の資料にもなります。

子どもが作成したデータを個人のフォルダに保存させておくことで、閲覧の際にまとめて確認することができます。ファイル名も変換できるように指導しておくと、より効果的です。

デジタル機器を使用するときの注意!

デジタルデータは手軽に資料を保存できる代わりに、いくつか注意しなければならないことがあります。デジタルデータや機器の扱いについては、学校や地区などによって違うため、事前にしっかり確認しておくことと、普段からの注意が必要です。

扱うデータは個人情報であることを意識する

個人の顔が特定できる、名前が載っているなどの写真や動画は個人情報となります。そのため、セキュリティのしっかりしたパソコンでのデータ管理が大切なのは言うまでもありません。

使用するデジタル機器は個人のものを使用しない

使用のしやすさから、自身のデジタル機器を使いたくなりますが、自治体によっては個人のスマートフォンなどは使用不可なことがあります。個人の記録媒体を使用していると、情報流出につながることも。このようなトラブルを未然に防ぐため、学校のデジタル機器を使用しましょう。

また、子どもの様子を撮影する際には、その子どもの心境などにも配慮が必要です。隠し撮りなどの誤解を与えないように気をつけましょう。

記録媒体は使用したら所定の保管場所へ

子どもの様子を撮影したデジタル機器を自分の机の上などに置いておいて紛失する、子どもが勝手に見てしまうなどのケースが考えられます。危機意識を高め、使用後は鍵がついている引き出しや専用の保管庫などに戻すようにしましょう。

こまめにデータの整理・確認をする

デジタルデータはその手軽さゆえに、気づくと膨大なデータ量になってしまうことがあります。多すぎるデータは所見作成時に確認する際、資料を探すのに時間がかかってしまうので、必要のないデータはこまめに削除するなど、データの整理が適宜必要です。

バックアップをしっかりとる

デジタルデータは普段から管理をしっかりしていても、ちょっとした操作のミスで、ボタン一つですべてのデータが消えてしまうことがあります。必要なデータは別の場所にバックアップを取っておくことをお勧めします。

使用後は次のために充電する

いざ「デジタル機器を使って記録を撮ろう」と思ったときも、肝心のバッテリーが切れていては宝のもち腐れです。電源の確保や普段から充電をしておくようにしましょう。

3 情報の集め方

新学習指導要領では「振り返り」が重要視されています。目標に対して、自分の活動がどうだったのかを、子ども自身が評価し、次の目標につなげることが大切だからです。ここでは、その自己評価の方法を紹介します。

■ 自分ノート

クラスメイトに見せない、教師と子どもだけでやりとりをする「自分ノート」をつくります。最近の出来事や、それについて子ども自身がどう感じ、どう思ったかを書かせるようにすると、それぞれの心の中を知ることができます。もちろん、教師と子どもの人間関係づくりが重要ですし、子どもが自分の気持ちを素直に書き表せるようコメントの工夫も必要です。

この方法は、子ども一人ひとりに向き合うことができるので、所見を書く場合ばかりでなく、授業の改善や生活指導に生かすことができ、児童理解の一つとして大いに役立ちます。

ポイント 自分ノートに出来事に対する自分の考えを書かせるためには、ある程度の練習が必要となります。自分の気持ちを、低学年のうちから少しずつ書く練習をさせておくとよいでしょう。

■ 振り返りカード

「自分ノート」のような分量の自由な文章を、定期的に提出するのが難しい低学年や中学年では、その日の出来事を短い文章で振り返る「振り返りカード」が有効です。表裏で１週間分の出来事が記録できるようなカード（B5判もしくはA4判の用紙）を用意し、週に一度回収してコメントをつけて返します。そこで気づいたことがあれば、メモや記録を残しておきましょう。

ポイント 振り返りカードは、その日あった出来事の記録にとどまりがちなので、「先生が知らないこと」「出来事に対するそのときの自分の気持ち」などについて書かせるようにしましょう。子どもの思いを受け止め、次の目標とつながるコメントを返すことが大切です。

■ 学習感想

授業終わりに学習感想をノートやワークシートに書かせることで、次のように評価と所見を結びつける根拠となる情報として活用することができます。

- 学習したことに対してどう理解したのか（知識・技能）
- 子どもがどういう考えをもって取り組もうとしていたのか（思考・判断・表現）
- 得た結果を基に次の課題をどう設定したか（主体的に学びに向かう力）　など

ポイント

低学年のうちはまだ十分な作文力が身についていないので、所見用の記録には、教員が注意して観察したメモが必要です。また、低学年はいきなり文章ではなく、「◎よくできた」「○できた」「△もうすこし」などの簡単な学習の振り返りから取り組ませるのも効果的です。

■ 他の先生から情報を得る

音楽や図工、家庭に英語、算数などの教科の場合は、担任以外にも専科の先生や少人数指導の先生が子どもたちの指導に携わっています。そのため、子どもたちの評価もその先生方から受け取ることになります。専科の先生からの所見が文書で提出される学校もありますが、専科の先生から直接話を聞いてみるのも担任に見せるのとはまた違った子どもたちの姿を知ることになります。また、学級ではよさがなかなか発揮できていない子どもについて事前に相談しておくと、専科科目内での活動に注目し、活躍できる光るよさを見つけ、アドバイスしてくれることもあります。

自校の児童はすべて「自分が担任する子どもたち」という意識をもちたいものです。事務的なやりとりをするだけでなく、普段から教員同士でコミュニケーションを密にしておくと、さまざまな場面でスムーズに連携をとることができます。

■ クラス全員が全員のよいところを探す

学期末には、クラス全員で「全員のよいところ探し」をしてみるのもよいでしょう。傷つく子どもがいないように、十分注意して行います。1回につきクラスメイト数人のよいところを書くという課題を数回に分けて行い、クラス全員のよいところを一人ひとりに書かせます。つまり、クラスの全員がそれぞれ、(自分を除いた)全員のよいところを見つけることになります。

「つらかったとき、○○さんがこんな言葉をかけてくれた」「ハイキングのときに重い荷物を持ってくれた」など、教員の知らない子どもたちの姿や、具体的なエピソードを引き出すきっかけになります。

ポイント 全員のよいところを書かせるのがポイントです。普段気づかない友だちのよいところを子ども自身が見つけて、お互いを認め合う機会にもなります。ただし、くれぐれも傷つく子どもがいないよう、十分に気をつけましょう。

「子どものよいところを見つける」こと それが教師の最大の務め

記録を取るのも、情報を集めるのも、その目的は「子どものよいところを見つける」ことです。教師が子どものよいところを見つけて適切に評価するのは、子どもの自己肯定感や向上心、意欲などを高め、自身の長所をさらに伸ばすために大切なことです。

子どものよいところを見つけ、引き出すことは、その子自身のためであることはもちろん、それを日々の授業や学校生活の中でクラス全体に伝えることで、子どもたちがお互いを認め合うきっかけになります。よいクラスでは、クラスのみんながお互いのよいところを知っているものです。クラスの人間関係を通して、子どもたちを成長させる面からも、「子どものよいところを見つける」ことは教師にとって最も重要な務めです。所見作成に向けた、子どもを観察する、記録を取る、情報を集めるなどの活動は、そのような教師としてのいちばん重要な姿勢を鍛えるよい機会となるでしょう。

第3章

通知表所見文例

学習　生活　行事　特別活動

「3観点の学習評価」に該当する例文は、次のアイコンで示しています(詳細は11～13ページを参照)。

観点1　知識・理解

観点2　思考・判断・表現

観点3　主体的に学習に取り組む態度

Subject

国語

できることを次の学びにつなげる様子や学び合う姿を捉えよう

エピソード❶

こつこつ頑張る子

漢字学習が不得手だが、自分から苦手なことを目標に決めて、日々の学習に取り組んだ。その成果が表れ、正確に漢字が書けるようになってきた。

POINT

自分で決めた目標に向けて、努力を継続できていること、それが学習の成果に表れていることを伝えます。

文例① 2学期の学習のめあてを「漢字の習得」とし、いつも意識して漢字練習を続けていました。目標に向かい努力しているので、漢字テストだけでなくノートや作文でも、正確な漢字を**活用する力がついています**[A]。 観点1

文例② 毎日の朝学習で漢字の練習にこつこつと取り組みました。特に「筆順に気をつけて書くこと」を意識して練習し、**継続して努力している成果が表れています**[B]。 観点1

言い換え表現

A 活用する力がついています ➡ 書く力が身についています

B 継続して努力している成果が表れています ➡ 日々の努力が成果となっています

学習
国語
社会
算数
理科
音楽
図画工作
体育
道徳
外国語活動
総合的な学習の時間
その他

エピソード❷ こつこつ頑張る子 Type 01

学習全般を通して、教師の話をよく聞き、課題に沿って、最後まで諦めずに取り組むことができた。

POINT
自分の決めた目標に忠実で、最後まで根気強く努力できることを伝え、クラス全体の中では目立ちにくい、その本人特有の努力を評価します。

文例① 漢字の学習では、**模範の字と自分の字をよく見比べ、くり返し丁寧に練習をする**[A]ことができました。ノートに自分の考えをまとめる際も、読み手を意識し、とめ・はね・はらいに気をつけ、最後まで字の乱れがありませんでした。**観点1**

文例② 発言や発表の際、「はい。～です」と大きな声で自分の考えを言うことができました。どんなときも教師の話をよく聞き、冷静に判断し、手を挙げる姿から、**学習習慣が正しく身についている**[B]ことがわかります。**観点1**

言い換え表現

A **模範の字と自分の字をよく見比べ、くり返し丁寧に練習をする** ➡ 何が大切かのポイントを押さえ、落ち着いて練習をする

B **学習習慣が正しく身についている** ➡ 学習に対する意欲が高い

エピソード❸ こつこつ頑張る子 Type 01

自分が読んだ本の感動を、何とか文章に表そうとして、納得がいくまで何度も書き直して完成させた。

POINT
よりよくしたいと努力を惜しまない姿勢を評価します。児童が感じている達成感を、具体的な様子から見取ります。

文例① 『一瞬の風になれ』(講談社)を読んだ感想を、自分の体験を交えながら書きました。本から感じ取った感覚をうまく表現するために、言葉を選びながら何度も書き直し、やっと仕上げた作文を手に、**満足そうな笑顔**[A]を見せました。**観点2**

観点1…知識・理解／**観点2**…思考・判断・表現／**観点3**…主体的に学習に取り組む態度

文例② 感想文の課題では、書き直すことを苦にせずに、自分の言葉がうまく伝わるように修正をくり返しました。納得がいく感想文に書き上げることで、**書くことに自信がつきました**[B]。**観点 2**

言い換え表現

A 満足そうな笑顔 ➡ 充実感いっぱいの笑顔

B 書くことに自信がつきました ➡ 書くことが得意になりました／書くことに対する苦手意識がなくなりました

エピソード❹ 一芸に秀でた子

Type 02

基本に忠実に、丁寧に文字を書くことができる。校内書き初め展で、クラスの代表に選ばれた。

POINT

クラスの代表に選ばれたという事実よりも、「実は、○○さんはこんなことが～」という保護者の知らないエピソードを書くと、一層喜ばれる所見となります。

文例① 字形やバランス、とめ・はね・はらいなど細かい部分まで意識して、**文字を丁寧に書くこと**[A]を心がけています。**観点 1**

文例② クラスの代表になった書き初めでは、自分が納得のいくまで何度も練習を重ね、見事な作品を仕上げました。**最後まで諦めない根気強さが光っていました**[B]。**観点 1**

言い換え表現

A 文字を丁寧に書くこと ➡ 文字を注意深く書くこと／正しい字形で文字を書くこと

B 最後まで諦めない根気強さが光っていました ➡ 確実に取り組む姿勢が感じられました／粘り強く取り組む姿勢が光っていました／途中で諦めず、やりぬく姿勢が素晴らしいです

エピソード⑤

知識が豊富な子 Type 03

言葉についての知識が豊富なので、言葉や漢字についての学習で何度も発言するなど活躍できた。

POINT
日頃から言葉についての関心が高いことを具体的に伝えます。そして、そのことがクラスにもよい影響を与え、みんなの理解を深めていることを評価します。

文例① 「詳しくする言葉」の学習では、主語・述語・修飾語の違いについて「修飾語は主語や述語を詳しくする言葉です」と、**積極的に発言する**[A]ことができました。普段から言葉に興味をもって意欲的に読書をし、文章を作成している成果が表れています。観点1

文例② 国語の「へんとつくり」の学習では、へんやつくりを理解しているので何度も発表することができました。普段から漢字学習に積極的に取り組み、たくさんの漢字をよく習得しているので、**みんなの理解を深めています**[B]。観点1

言い換え表現

A 積極的に発言する ➡ 堂々と発表する
B みんなの理解を深めています ➡ 漢字の学習を深いものにしています

エピソード⑥

知識が豊富な子 Type 03

読書の習慣が身についており、読書月間にたくさんの本を読んだ。

POINT
読書というのは、習慣です。その習慣がしっかりと身についていることは、その子にとっての長所となります。

文例① たくさんの本を読んでいるので、**知識が豊富です**[A]。関係の書物を学校に持ってきて紹介したり、講義を行ったりとクラスにも広め、関心を集めています。観点1

文例② いろいろなことに興味をもつことは、大変素晴らしいと思います。興味をもったことをクイズにして発表し、授業を盛り上げています。読書活動を通して、**豊かな心を育んでほしい**[B]と願っています。観点1

文例③ 本を読む習慣が身についており、空き時間を見つけ、**たくさんの本に親しみました**[C]。読書を通して、知識量をどんどん増やしています。読書月間には、誰よりも多くの本にふれ、校内の多読賞を受賞しました。**観点1**

言い換え表現

A 知識が豊富です ➡ 知識がたくさん蓄えられています

B 豊かな心を育んでほしい ➡ 感性を磨いてほしい

C たくさんの本に親しみました ➡ 多くの本を読みました

エピソード⑦

発想が豊かな子

Type 04

漢字の自主学習では、習った漢字を使ってマンガを描くなど、楽しみながら学習に取り組むことができた。

POINT

「勉強は自分で楽しくするもの」という考え方を評価します。自分なりに工夫したことで、学習への取り組み方が変容したことを書くと、その子どもの発想力がよりいきいきします。

文例① 漢字ノートの発展学習欄には、既習の漢字を用いた4コママンガを描くなど、**ひと工夫して**[A]学習に取り組むことができました。マンガを入れてみようという発想力に驚かされました。**観点2**

文例② 自分なりの学習方法で勉強する楽しさを味わい、「遊びを入れたら、どんどんおもしろくなってきた」と、より意欲的になった○○さんの姿に**感心しました**[B]。**観点2**

言い換え表現

A ひと工夫して ➡ 豊かな発想を生かして／ユニークなひらめきを取り入れて／○○さんらしい工夫をこらして

B 感心しました ➡ 成長を感じました／嬉しく思いました／努力の積み重ねを感じました

エピソード8

発想が豊かな子 Type 04

国語の学習で、詩や物語を細やかに読み取り、意見を発表していた。

POINT

詩や物語を読み取る力があり、クラスの話し合い活動にも進んで参加している様子を伝えます。

文例① 国語の詩の授業では、詩の雰囲気をとらえた○○さんの発言で友だちの**気づきが深まり**[A]、話し合いが活発になりました。**観点1**

文例② 国語の詩の学習のときに、○○さんのキラリと光る発言や文章表現に、**感性の豊かさを感じました**[B]。**観点1**

言い換え表現

A 気づきが深まり ➡ 理解が深まり

B 感性の豊かさを感じました ➡ 確かな読み取る力を感じました

エピソード9

まわりのために動ける子

音読の読む練習では大きな声で調子をつけ、聞く人にわかりやすく音読することができた。

POINT

音読は、つまずかないように読むことに集中するのではなく、「まわりの人が聞きやすいように」と意識しながら読めたことを評価します。まわりの評価も伝えるとよいでしょう。

文例① 国語の「『農業』をする魚」の音読を一人ずつ行ったときには、聞き手のことを考えて心を込めて音読し、クラスのみんなから「○○さんがいちばん上手に読めていたよ」と**絶賛されていました**[A]。**観点2**

文例② 国語の音読では、**聞き手を意識して大きな声ではっきりと**[B]、抑揚をつけて読めるので、クラスのよい手本となっています。**観点2**

言い換え表現

A 絶賛されていました ➡ 喝采を浴びていました

B 聞き手を意識して大きな声ではっきりと ➡ 聞く人にわかりやすいように／スピードを考えながら

エピソード⑩ クラスをまとめる子

Type 06

自分の意見をしっかりもち、話し方や聞き方が上手で、クラスの中心となって話し合いをまとめた。

POINT

クラスをまとめるタイプの子の特徴のひとつに、「自分の意見をしっかり述べることができて、相手の話を聞くこともできる」というものがあります。その子の具体的な姿を示すだけでなく、まわりにどのような影響を与えているかなども加えます。

文例① 筋道を立てて、進んで話そうとする態度が身についています。スピーチでは、相手にわかりやすいように、いくつかのまとまりに整理して話すことができました。友だちの発表にもしっかりと耳を傾けることができ、**友だちからも信頼される存在です**[A]。観点 2

文例② 自分の意見と友だちの意見を比較しながら話し合ったり、発表したりする力が身につきました。疑問点があれば質問し、友だちの意見を受けて自分の考えを発表できるようになり、国語の話し合い活動でも**中心となって**[B]活躍しました。観点 2

言い換え表現

A 友だちからも信頼される存在です ➡ 友だちからの信頼感も抜群です／友だちからの信頼が厚いです／みんなの尊敬を集めています／クラスのお手本になっています

B 中心となって ➡ リードして／大黒柱として

エピソード⑪ 積極的に自己表現できる子

スピーチの活動で、自分の思いや考えを堂々と大きな声で伝えることができた。

POINT

自分の思いや考えを堂々と表現している姿勢や、話を聞いている相手を意識し、声の大きさや速さなどわかりやすくする工夫ができていたことなどを評価するとよいでしょう。

文例① 「考えを伝えよう」では、楽しい出来事を振り返り、自分がどんな気持ちになったか、すらすらとノートに表現しました。そして、聞いている人にとって、わかりやすい声の大きさや速さを意識し、**堂々と発表することができました**[A]。

文例② スピーチをするとき、自分の思いや考えを進んで友だちに伝えることができました。スピーチ原稿をつくる際にも、「はじめ」「なか」「おわり」の構成をよく練り、みんなが聞いていてわかりやすいように仕上げる工夫をするなど、**表現力が伸びました**[B]。

言い換え表現

A 堂々と発表することができました
➡ 大きな声で発表することができました／胸を張って発表することができました／自信をもって発表することができました

B 表現力が伸びました ➡ 相手に思いを伝えることが得意になりました／表現する力を身につけました／表現力が光っていました

エピソード⑫ 友だちとのかかわりがよくできる子 Type 08

スピーチの題材が決まらず困っている友だちに、自分のスピーチを例に挙げながら助言することができた。

POINT
困っている友だちにアドバイスするなど力を貸すことができたことを評価します。より思いやりの気持ちが育つよう願って書きます。

文例① 国語のスピーチでは、どんなスピーチにしようか困っている友だちに自分のスピーチを例に挙げて「話に理由をつけるといいよ」などと、**アドバイスをしていました**[A]。進んで困っている友だちの力になろうとする意識が素晴らしいです。**観点3**

文例② 国語の学習では、スピーチの題材が決まらずに困っている友だちに、アドバイスをしていました。友だちの力になろうと、自分の例を挙げながら**懸命に伝える姿**[B]に、成長を感じました。**観点3**

観点1…知識・理解／**観点2**…思考・判断・表現／**観点3**…主体的に学習に取り組む態度

言い換え 表現

A アドバイスをしていました ➡ 助言していました

B 懸命に伝える姿 ➡ 何度もくり返し伝える姿

エピソード⑬　さまざまな場面でよさを発揮する子　Type 09

「熟語探し」の学習で、豊富な知識を活用して多くの熟語を見つけた。

POINT

知識をもとにたくさん発表できたことだけでなく、まわりの友だちの評価も伝えます。まわりの評価を加えると、保護者の方にとっても嬉しい所見になります。

文例 ①　国語の漢字の学習では、好きな電車に関係する言葉を探しては、用法として発表しています。「次は何を発表してくれるの？」と、友だちも楽しみにしており、○○さんの**知識を認めています**[A]。**観点 2**

文例 ②　新出漢字を使った熟語の学習では、大好きな電車の駅名を元気よく発表しています。どんな漢字でも発表できる○○さんは、「電車博士」と呼ばれるようになり、みんなが**発表の時間を楽しみにしています**[B]。

観点 2

言い換え 表現

A 知識を認めています ➡ 知識の広さに驚いています

B 発表の時間を楽しみにしています ➡ 発言を期待しています

エピソード⑭　人望がある子　Type 10

話し合いでは、いつも話し手のほうに体を向け、友だちの話を真剣に聞き、目立たないが参加の意識をいつももっている。

POINT

話を聞く姿勢ができているなど、当たり前のことがしっかりできることは、とても重要なことです。これを当たり前と片づけずに、その姿勢を認める言葉を伝えましょう。

文例 ①　話し合いの活動では、友だちの意見に耳を傾け、相づちを打ちながら話を聞くことができました。きちんと話を聞こうとする姿勢から、日頃の行動にも友だちを大切にしようとする気持ちがにじみ出ており、**友だちからの信頼が厚いです**[A]。観点1

文例② 国語の話し合いの活動では、話をしている人のほうに体を向け、相手をしっかり見て真剣に話を聞いています。**相手の考えを大切にしようとする心の表れです**[B]。観点1

言い換え表現

A 友だちからの信頼が厚いです ➡ 友だちから絶大な信頼があります／友だちから非常に頼りにされています

B 相手の考えを大切にしようとする心の表れです ➡ その姿勢から相手の気持ちを理解しようとする熱心さが感じられます

エピソード⑮ 特別な支援で力を発揮できる子

Type 11

時間はかかるが、自分にできることを考え、少しずつ前向きに物事に取り組むようになった。

POINT

以前より伸びた成果を確実に伝えます。まわりの子とは比較をせず、その子がどれだけ成長したかを書くことが重要です。その子のよさを見つけ、伝えていきましょう。

文例① 日々の漢字学習をはじめ、今自分にできること、今自分がやるべきことを考えて**学習・行動ができる**[A]ようになりました。習った漢字もひらがなではなく、漢字で書くようになり、課題に対しても前向きに取り組むようになっています。

文例② 苦手な漢字の書き取りでは、逃げずに、ゆっくりでも最後まで確実に課題を仕上げようとする姿勢が身につきました。その**誠実さ**[B]が○○くんの魅力です。

言い換え表現

A 学習・行動ができる ➡ 積極的に取り組める

B 誠実さ ➡ 根気強さ／粘り強さ／諦めない心

エピソード⑯　特別な支援で力を発揮できる子　Type 11

自分の考えややり方にこだわりやすかったが、登場人物の気持ちを考えたり、表現したりすることができるようになってきた。

● POINT
頑固になりやすい考え方ややり方を指摘するのではなく、物語教材の学習を通じて、できるようになったことを評価します。

文例①　国語では、話し合いでの友だちの発表をよく聞いてワークシートに自分の意見を進んで書くことができました。また、登場人物の**思いについて自分の考えを発表する姿が見られました**[A]。観点1

文例②　自分の考え方にこだわるのではなく、物語教材で登場人物の気持ちを考えることで、まわりの友だちの考えを聞けるようになりました。**思いやりの心が育っています**[B]。観点1

言い換え表現

A **思いについて自分の考えを発表する姿が見られました** ➡ 気持ちを考えながら、自分の意見を発表することができました

B **思いやりの心が育っています** ➡ 相手に合わせる心配りが見られます／相手の立場を理解する力が育っています

エピソード⑰　特別な支援で力を発揮できる子　Type 11

一画一画に注意を払いながら丁寧に練習をくり返すことで、習得できるようになってきた。

● POINT
できるようになるために、本人がどのような努力をしているのか、子どもの様子をそのまま書きます。その姿勢やできるまでの過程を評価し、今後の学習への励みにつなげます。

文例①　書写の学習では、漢字一画一画のとめ・はね・はらいを**確かめながら書いています**[A]。その丁寧さから、「できるようになるんだ」という**意欲が伝わってきます**[B]。観点2

文例②　書写の学習では、一画一画に力を込めて、一生懸命紙に向かっています。とめ・はね・はらいも**確実に書き**[C]、日に日に**理解が確かなもの**

になっています。[D] 観点2

言い換え表現

A **確かめながら書いています** ➡ 間違えないように書いています／力を込めて書いています

B **意欲が伝わってきます** ➡ 向上心が伝わってきます／やる気が感じとれます／積極的な姿勢が見られます

C **確実に書き** ➡ しっかり丁寧に書き

D **理解が確かなものになっています** ➡ 上達しています

エピソード⑱ 所見を書きにくい子

課題に対して慎重で、指示をよく聞き丁寧に取り組む。

POINT
自分で考え、課題を解決していくことを苦手とする子どもは、最後まで学習に取り組めるようになってきたことを評価します。

文例① どんな課題にも丁寧に取り組みます。先生の指示をよく聞き、行動する姿は立派です。**着実に物事を進める力が身について**[A]きました。
観点1

文例② 学習に対して、何をしたらよいかわからなくなってしまうことがありましたが、わからないことを「わからない」と言えるようになってからは、だんだん**自信をもって**[B]学習に取り組めるようになりました。

言い換え表現

A **着実に物事を進める力が身について** ➡ 安定して物事を行うことができるようになって／計画的にやるべきことを進めていく力がついて

B **自信をもって** ➡ 自分で考えて／めあてをもって

Subject 社会

身近な事柄から興味をもって学びを広げる姿を見つけよう

エピソード❶ こつこつ頑張る子 Type 01

与えられた課題だけでなく、自分が関心をもったことについて、自分なりに調べ、まとめることができた。

● POINT

与えられた課題だけでなく、主体的に調べたりまとめたりできたことを評価します。意欲をもって学習することは素晴らしい力であることを伝えます。

文例① 「水はどこから」の学習では、水道の水がどこからどのようにして届くのかという課題に**関心を高めました**[A]。学校内の蛇口の数を一つひとつ見てまわったり、使用した水の量を調べたりして、わかりやすくグラフや表にまとめることができました。観点 2

文例② 水が学校や家庭に届くまでの経路と水の仕事に携わる人々の働きについて、自分なりに調べることができました。与えられた課題だけでなく、**主体的に課題に取り組む姿勢**[B]が育っています。観点 2

言い換え表現

A **関心を高めました** ➡ 興味をもちました

B **主体的に課題に取り組む姿勢** ➡ 意欲的に学習する姿勢

エピソード❷ 一芸に秀でた子 Type 02

都道府県の名称や位置について十分理解しており、クラスの仲間にもその知識を広げた。

● POINT

クラスに一人は、暗記力に優れた児童がいるでしょう。暗記力を評価するよりも、その力を生かして新たにどのような力が身についたのか、クラスにどのような影響を与えたのかなどを伝えます。

文例① 都道府県の名称や位置を人一倍早く覚え、白地図に書き込むことができました。自分が覚えたことを、進んで**クラスの友だちにも教える**[A]ことができました。観点 1

文例② 都道府県の位置を確実に覚えるだけでなく、各県の特色などもしっかりと理解できています。自分が住んでいる○○県からさらに**視野を広げて**[B]、学習することができました。**観点2**

言い換え表現

A クラスの友だちにも教える ➡ クラスの友だちにも広げる
B 視野を広げて ➡ 関心を深めて

エピソード③

知識が豊富な子 Type 03

農業や農業に従事する方たちの工夫を調べる学習で、いくつも考えを出し、話し合いを盛り上げることができた。

POINT
話し合いでは、自分の知識に偏ることなく、他の意見も取り入れることが大切です。課題に対して熟考できたことはもちろん、まわりの人の意見を聞く姿勢があることについても指摘します。

文例① 農業や農業に従事する方たちの工夫を調べる学習で、たくさんの考えを出すことができました。課題に対して明確に自分の考えをもち、**友だちの意見から考えを広げられること**[A]が素晴らしいです。**観点2**

文例② 友だちの考えに対して疑問に思ったことは質問し、話し合いに積極的に参加しました。友だちからの質問に対しても**具体例を挙げて**[B]答えることができました。**観点2**

言い換え表現

A 友だちの意見から考えを広げられること ➡ 友だちの意見を取り入れながら、さらによい意見を考えようとする姿勢／相手の意見を聞いて、さらに考えを深めていく様子
B 具体例を挙げて ➡ わかりやすい例を挙げながら

観点1…知識・理解／**観点2**…思考・判断・表現／**観点3**…主体的に学習に取り組む態度

エピソード④

知識が豊富な子 Type 03

地域の暮らしに興味・関心をもち、主体的に、本や資料を活用して調べることができた。

● POINT
社会は、暗記教科ではありません。表面的な知識だけでなく、時代の背景や現代とのつながりなど、より深い知識を得ていることに目を向け、評価します。

文例① 社会科では、自分のもっている知識を学級全体に広げてくれました。進んで本や資料を活用して情報を得る姿は、主体的な学習姿勢の**模範となりました**[A]。観点1

文例② 地域の暮らしや変化などに目を向け、社会的な事象を多面的にとらえることができました。習得した知識を生かして、社会科新聞にまとめるなど、既習事項を確実に**自分の力にしています**[B]。観点1

言い換え表現

A 模範となりました ➡ お手本になっています
B 自分の力にしています ➡ 理解を深めています

エピソード⑤

発想が豊かな子 Type 04

「店を調べに行こう」の授業で、お店の工夫にたくさん気づくことができた。

● POINT
社会の「店を調べに行こう」の学習で、それぞれの店をよく観察できたこと、店がしている工夫に疑問や関心をもてたことなど、その着眼点のよさを伝えます。

文例① 社会の「店を調べに行こう」では、キャベツが半分で売られていること、ジャガイモがバラで売られていることなど、**お店で気づいたことをたくさんメモしていました**[A]。観点1

文例② 社会の「店を調べに行こう」では、お店の工夫によく気づいていました。**疑問に思ったことはどんどん質問する**[B]など、意欲的に活動することができました。観点2

文例③ 「わたしたちのくらしとスーパーマーケット」の新聞づくりでは、

見学してきた様子を、読む人にわかりやすくまとめることができました。まるでリポートしているような記述内容にしたり、クイズを入れたりと、**自分だけのアイデアを織り交ぜながら**[C]、読む人にとって楽しい新聞を作成することができました。観点2

学習
国語
社会
算数
理科
音楽
図画工作
体育
道徳
外国語活動
総合的な学習の時間
その他

言い換え表現

A **お店で気づいたことをたくさんメモしていました** ➡ 見学中におもしろいと感じたことをノートに書き込んでいました

B **疑問に思ったことはどんどん質問する** ➡ 興味をもったことは聞く

C **自分だけのアイデアを織り交ぜながら** ➡ 独創的に表現して

エピソード6 まわりのために動ける子 Type 05

「私たちの町はどんな町」では、それぞれの意見を確認し、全員が納得のいくルートにしようと声をかけていた。

POINT

ルートを決められたことだけでなく、みんなが納得できるように配慮をしていた姿を評価し、まわりのために働くことの意義が伝わるようにします。

文例① ルート決めでは、意見を言わないでいる子にルートを確認し、みんなが納得できるようにしていました。当日は、**グループ全員が充実した表情で探検を終えることができました**[A]。観点2

文例② ルート決めでは、一人の意見だけではなく、全員が意見を言えるように、一人ひとりにどこに行きたいのか確認していました。それによって意見が言えた子はみんな笑顔になり、**全員が納得のいくルート**[B]を決めることができました。観点2

言い換え表現

A **グループ全員が充実した表情で探検を終えることができました** ➡ グループ全員にとってよい活動になりました／グループ全員が満足のいく活動になりました

B **全員が納得のいくルート** ➡ 全員が満足できるルート

エピソード⑦

クラスをまとめる子 Type 06

グループ活動で、学習計画にあわせて、次にやるべきことを予測したり段取りよく仕事分担をしたりすることができた。

POINT

目立たない子でも、グループの中では計画的な段取りをして、積極的にメンバーへ声をかけていることがあります。その積極的な姿勢を評価します。

文例① グループ活動では、次にやるべきことを予測し、段取りを考えることができました。班のメンバーの得意分野に合わせて、仕事を割り振るなど、**リーダーシップを発揮しています**[A]。誰もが信頼するリーダーへと成長することができました。 観点2

文例② 「町探検」では、地図を片手に班のメンバーを先導したり、誰よりも大きな声で施設の方々にあいさつをしたりすることができます。何事にも一生懸命に取り組み、みんなをまとめる姿からは、**責任感の強さを感じます**[B]。 観点2

言い換え表現

A リーダーシップを発揮しています ➡ 積極的にまとめています／意欲的に率先して行動しています

B 責任感の強さを感じます ➡ 責任をもって取り組む意志を感じます／諦めずに最後まで取り組む強さが見て取れます

エピソード⑧

クラスをまとめる子 Type 06

社会の授業で積極的に挙手して、自分の意見や考えを発言した。

POINT

大勢の前で挙手して発言しようとする積極性や、友だちが挙手しやすい雰囲気をつくることもできるリーダー性を備えていることを指摘し、評価します。

文例① 社会で「農家の仕事」について学んだときには、○○地区の農家がつくっている作物について**積極的に**[A]発言していました。自分たちの住んでいる地域に対する興味・関心が高いことがわかります。 観点1

文例② 社会の授業で、○○さんがよく挙手するので、クラスのみんなが次々と手を挙げていました。**学級に学び合う雰囲気**[B]ができました。

言い換え表現

A 積極的に ➡ 自ら進んで／自信をもって

B 学級に学び合う雰囲気 ➡ 意見が言いやすい学級づくり

エピソード⑨ 積極的に自己表現できる子

「絵地図をつくろう」では、自主的に調べ、学習を進めることができた。

POINT
写真や資料を集めるなど、目的に向かって自主的に動き、よりよいものをつくろうとしたことを評価します。

文例① 「絵地図をつくろう」では、マンションが多い場所や商店が多い場所を色分けしたり、病院や神社などの写真を撮ったりして資料を集めました。調べた場所について自信をもって紹介できるように、**進んで準備を進める行動力**[A]が素晴らしいです。

文例② 社会の「絵地図をつくろう」では、写真や資料を集め、丁寧に模造紙に書き込みました。地図がよりよくなるように**工夫して考え実行すること**[B]ができ、見応えのあるものができ上がりました。

言い換え表現

A 進んで準備を進める行動力 ➡ 自主的に調べる姿勢

B 工夫して考え実行すること ➡ 豊かな発想で行動すること／試行錯誤しながら取り組むこと

エピソード⑩ 友だちとのかかわりがよくできる子

Type 08

授業の話し合い活動の中で、自分の考えを主張しながらも友だちの考えを尊重していた。

POINT
社会科の授業や理科の実験など、考えを出し合う場面において、自分の考えを押しつけるのではなく、友だちの考えも聞きながらまとめようとしているところを評価して伝えます。

文例① 社会の「物をつくる仕事」の学習で、ほうれん草がどのように食卓に並ぶのかを調べました。友だちの考えを尊重しつつ、**班としての考えをまとめていくこと**[A]ができました。 **観点2**

文例② 社会で課題を解決するときに、自分の考えを伝えるだけでなく**友だちの考えを上手に引き出す**[B]ことができます。そのおかげで、○○さんの班は**いつもスムーズに話し合いが進み**[C]、よい結果を導き出しています。 **観点2**

言い換え表現

A 班としての考えをまとめていくこと ➡ 班としての方向性を導くこと

B 友だちの考えを上手に引き出す ➡ 友だちの考えを真剣に聞く

C いつもスムーズに話し合いが進み ➡ いつも順調に話し合いが進められ

エピソード⑪ さまざまな場面でよさを発揮する子

Type 09

自身の経験を通して、学級全体に他の都道府県に目を向けるきっかけをつくった。

● POINT

自分の言葉で相手にわかりやすく伝える表現力を身につけるのは大切なことです。高学年に近づくにつれ、自意識が発達し難しく感じる子どもも出てきますが、その大切さをしっかりと伝えます。

文例① 社会科で、以前住んでいた地域での生活経験や歴史についてみんなの前で話すことができました。自分が知っている地域の文化や方言を進んで紹介するなど、クラスのみんなが他の都道府県に**目を向けるきっかけをつくりました**[A]。 **観点2**

文例② 豊富な生活体験をたとえにして、友だちにもよく伝わるように、言葉を選んで順序よく丁寧に説明することができます。**友だちの間に「ああ、なるほどね！」という言葉が広がっていました**[B]。 **観点1**

言い換え表現

A 目を向けるきっかけをつくりました ➡ 目を向けるよう一役買いました

B 友だちの間に「ああ、なるほどね！」という言葉が広がっていました ➡ 友だちも耳を傾けていました／友だちも納得して聞いていました

エピソード⑫ 人望がある子 Type 10

グループ学習で、ペースについていけない友だちを待ち、チームワークよくグループ活動を進めた。

POINT
友だちを待ってあげる行為が、友だちを大切にしている行為なのだと伝えることで、その子の協調性ややさしさを評価します。

文例① 社会科のグループでの調べ学習では、学習のペースがつかめずにいる友だちに資料を見せて、その子が終わるまでじっと待ってあげていました。**まわりの友だちを大切にできる姿**[A]が素晴らしいです。

文例② 社会科の調べ学習では、ペースが遅れがちな友だちに配慮し、作業の手順を考え提案することができました。**グループ全員が満足できる活動**[B]になりました。観点2

言い換え表現

A まわりの友だちを大切にできる姿 ➡ まわりを大切にする協調性／他人を思いやる姿勢

B グループ全員が満足できる活動 ➡ 充実したグループ活動／みんなが協力して活動を進めることができるよう

エピソード⑬ 特別な支援で力を発揮できる子 Type 11

苦手な授業でも、取り組もうとする意欲が感じられるようになった。

POINT
板書したことをノートに写すようになったなど、意欲的な姿勢が見られるようになったことを具体的に記述します。

文例① 授業中の態度に落ち着きが出てきて、**授業内容に耳を傾ける**[A]ようになりました。授業中の発言も徐々に増え、理解を深めようとする意欲が感じられます。観点1

文例② テストでは、問題の意味がわからないときも**自分の気持ちを抑え**[B]、まわりの友だちの支援を受けながら、一つひとつ丁寧に考えられるようになりました。

観点1…知識・理解／観点2…思考・判断・表現／観点3…主体的に学習に取り組む態度

文例③ 音楽のリコーダーの練習では、友だちの指づかいを見ながら**練習する**[C]ことができるようになりました。授業への意欲が感じられます。

言い換え表現

A 授業内容に耳を傾ける ➡ 先生の話を聞く／授業中に質問する

B 自分の気持ちを抑え ➡ 自分の気持ちを落ち着かせて／深呼吸して気持ちを落ち着かせて

C 練習する ➡ 演奏を楽しむ

エピソード⑭ 所見を書きにくい子 Type 12

自分の知識をまわりにも還元していく意識をもつことができた。

POINT

もっている知識を少しずつまわりに還元しようとしたことを評価します。ちょっとした子どもの変化を見逃さず、よさを読み取って書くことが大切です。

文例① 教科書などの資料と自分の知識を関連づけながら考え、課題についての考えをまとめることができました。最近では、その考えをまわりの友だちに**わかりやすく伝える**[A]ようになりました。○○さんの成長を感じます。**観点2**

文例② 発言が増えて、友だちがわからない言葉の意味をわかりやすく説明することもできるようになりました。自分のもっている力を、惜しみなく発揮しようとする気持ちをもてたことが**大きな成長**[B]です。**観点1**

言い換え表現

A わかりやすく伝える ➡ 積極的に教える／自分から発信する

B 大きな成長です ➡ 成長につながりました

Subject

算数

理解しようとする姿や意欲を所見にしよう

エピソード① こつこつ頑張る子

Type 01

解答を何度も見直したことでミスが減り、テストで満点（合格点）を取ることが多くなった。

POINT

ケアレスミスは、防げるものです。「見直し」という課題意識をもって取り組んだ成果を伝えると、「先生はちゃんと見てくれている」という信頼につながります。

文例① 計算テストでは、ケアレスミスを少しでも減らそうと、注意深く何度も見直す姿が見られ、着実に成果を上げました。自分なりの課題意識をもって取り組み、努力を続けているところに、**○○さんの成長を感じます**[A]。**観点 2**

文例② 1学期の課題をしっかりと受け止めて学習に取り組んだことで、計算の力が一段と伸びてきました。**学習態度に落ち着きが出てきて**[B]、単純な計算ミスが大幅に減ったのも、1学期から成長した点です。**観点 1**

言い換え表現

A **○○さんの成長を感じます** ➡ ○○さんの向上心が育っています

B **学習態度に落ち着きが出てきて** ➡ 集中して取り組めるようになり

エピソード② 一芸に秀でた子

暗算の得意な児童が、さらに筆算方法を考え出し、それを用いて確実に計算を進めることができた。

POINT

得意な計算を生かす姿勢を認めることで、既習事項を新しい学習に活用しようという意欲となるようにします。

文例① 算数の「小数のたし算」では、得意の計算力を生かして、小数のたし算の筆算方法を考えました。筆算を使いこなす姿から、**計算の仕組みを確実に理解している**[A]ことがわかります。**観点 1**

文例② 算数「小数のたし算」では、小数点に着目しながら、筆算で計算する方法を考えました。自分の得意な筆算をさまざまな学習場面で活用する姿から、**思考力の深まりが感じられます**[B]。**観点 2**

言い換え表現

A 計算の仕組みを確実に理解している ➡ 確かな計算力を身につけている

B 思考力の深まりが感じられます ➡ よく考えていることがわかります

エピソード③ 知識が豊富な子

Type 03

「小数のたし算」の概念を、ブロックや式を活用して、巧みに説明することができた。

POINT

自分の思いや考えを言葉にし、道具を使って表現することができることをほめます。何事にも「なぜ」「どうして」の問題意識をもち、課題解決していく姿勢も評価するとよいでしょう。

文例① 「小数のたし算」の考え方を説明する際、ブロックを動かしながら「電車の車両の連結みたいにやればわかるよ」と自分なりの言葉で発表できました。日常生活の出来事を**よく観察し**[A]、**言葉で表現する力**[B]が伸びました。**観点 2**

文例② 「長さ」の学習の道のりを計算する問題で、「1km＝1000m」という知っている知識にもとづいて答えを導き出すことができました。また、得意の暗算力で素早く計算し、「ぼく、暗算には自信があるんだ」と言って**意欲をもって楽しそうに**[C]計算しています。**観点 1**

文例③ 「三角形」の学習では「正三角形のかき方」の**課題に挑戦し**[D]、コンパスを使うやり方を聞き手にわかりやすく自分なりの考え方で説明することができました。**観点 1**

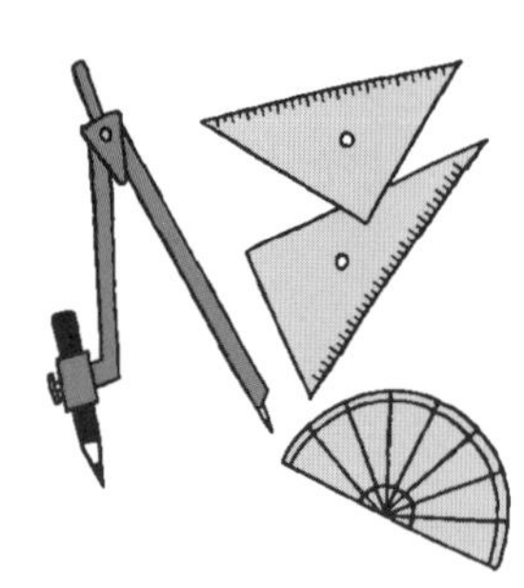

言い換え表現

A よく観察し ➡ 物事を多角的に見て

B 言葉で表現する力 ➡ 考えを発表する力

C 意欲をもって楽しそうに ➡ 得意そうに

D 課題に挑戦し ➡ 問題に取り組み

エピソード④

発想が豊かな子 Type 04

「わり算」の計算の仕方を、既習事項をもとに考え、わかりやすく説明できた。

POINT
計算ができたことよりも、解答にたどり着くまでの過程で既習事項を使えていたことを評価すると、発想のよさが、より伝わりやすくなります。

文例① 「3÷3＝1。同じように4÷4＝1。だから、□÷□＝1なんだよ」と、計算の仕方を説明していました。聞き手にわかりやすく置き換えて説明する姿に、確かな**発想力**[A]が見て取れます。観点1

文例② 算数「わり算」では、同じ数どうしをわれば1になることを根拠に、計算の仕方を説明していました。計算のきまりを使って考える姿勢に、**論理的な思考力の高まり**[B]が感じられます。観点1

言い換え表現

A **発想力** ➡ 理解力

B **論理的な思考力の高まり** ➡ 筋道を立てて考える力がついていること

エピソード⑤

発想が豊かな子 Type 04

算数の授業で、自分の生活場面と結びつけて、課題解決をすることができた。

POINT
課題に対して解決の見通しを立てることができること、自分の生活場面と結びつけるなど思考力が柔軟で、自分の意見をもって発表できることを評価するとよいでしょう。

文例① 「面積」の学習では、図形の面積を率先して求めることができました。また、生活場面でよく見かける広さの特徴を見つけて、まわりの友だちに積極的に言葉で伝えていくなど、**表現力の豊かさ**[A]も光っていました。観点2

文例② 「わり算」の授業で、お菓子やボールを使って「何個ずつ分ける」という考え方を即座に理解し、すらすらと解き方を示すことができました。**思考力が柔軟で**[B]、積極的に課題解決に取り組んでいます。観点2

言い換え表現

A 表現力の豊かさ ➡ 物事に対する豊かな発想力／豊かな観察力

B 思考力が柔軟で ➡ 発想が豊かで／いろいろな方法で考えられ

エピソード❻　まわりのために動ける子　Type 05

「面積」の学習で、友だちの考えを図で説明し、学級全体の理解の助けとなった。

POINT

友だちの考えに寄り添い、別の表現方法で理解しようとする姿を評価することで、友だちへの思いとともに、算数の表現力もしっかりと身についてきていることを伝えます。

文例① 「面積」では、友だちの立てたＬ字型の面積の求め方をよく聞き取り、それを図に描いて説明することができました。**友だちの考えに共感して聞こうとする態度が身についていて**[A]、そのことが確かな理解につながっています。観点2

文例② 「面積」の学習では、友だちのＬ字型の面積の求め方に、最初は戸惑っていましたが、根気よく理解しようと努めました。また、友だちの考え方を、図を用いて学級全員に説明したことで、**より一層理解を深める**[B]ことができました。観点2

言い換え表現

A 友だちの考えに共感して聞こうとする態度が身についていて ➡ 友だちのことを親身になって考えようとする姿勢が身についていて

B より一層理解を深める ➡ 確かな理解につなげる

エピソード❼　クラスをまとめる子　Type 06

授業中に考えた解き方や、気づいたことなど、積極的に発言し授業をリードしていた。

POINT

進んで挙手をして発言し、授業の展開に活気を与えています。友だちの考えもしっかり聞くことができ、授業をリードしていることを評価して伝えます。

文例① 算数の課題解決に向けて的確な見通しをもち、それをもとに自力で解決しようとしています。また、**その解き方をわかりやすく説明して学びを深めています**[A]。自分の考え方を臆せず発表して授業をリードする力は素晴らしいです。**観点2**

文例② 算数の授業では、問題から考えたことをまとめ、さらに疑問点を挙げるなど、より深い学習を行っています。考えたことを発表し、**授業をリードしています**[B]。

言い換え表現

A その解き方をわかりやすく説明して学びを深めています ➡ その解き方を自分の言葉で説明し、理解するためのヒントを提示しています

B 授業をリードしています ➡ 授業をまとめています／授業を先導しています／友だちの学びを深めています

エピソード8 積極的に自己表現できる子

80÷40の計算の仕方を考える学習で、友だちの考えに疑問をもち、質問して確実に理解できた。

POINT
理解ができたことはもちろん、自分の疑問を素直に表現したことを評価することで、これからも積極的に質問していこうとする意欲に結びつけます。

文例① 算数のわり算の学習で、80÷40の計算を「どうして0を消せば計算できるの？」と質問し、解決しました。疑問を**素直に口に出す**[A]ことで、わり算の計算の仕組みを、実感をもって理解をすることができました。

文例② 友だちの、80÷40の計算の仕方の説明を聞いて、「どうして0を消して答えが出るのだろう」と発言しました。まわりの友だちも「確かにそうだ」と気づき、○○さんの素直な発言が、**学級全体の確かな理解**[B]につながりました。

言い換え表現

A 素直に口に出す ➡ はっきりと口にする

B 学級全体の確かな理解 ➡ 学級の活気ある話し合い

観点1…知識・理解／**観点2**…思考・判断・表現／**観点3**…主体的に学習に取り組む態度

エピソード⑨　友だちとのかかわりがよくできる子　Type 08

輪投げゲームで、みんなが平等になるルールを考える活動を通して、円に対する理解を深めることができた。

● POINT
友だちとのかかわりを通して、図形の理解を深めることができたことを伝えます。友だちとともに学ぶよさや大切さを感じながら、今後も続けていく励みとなるようにします。

文例① 算数の「円と球」では、輪投げゲームのルールを友だちと考えました。「みんなが不公平じゃないほうがいいよね」「どこから投げても同じ距離になるようにしたいね」と、**友だちと意見を交換し合うこと**[A]で、中心から円周までの長さが等しいことに気づき、円に対する理解を確かなものにすることができました。観点2

文例② 算数の「円と球」では、みんなが平等に輪投げゲームを行うためのルールを考えました。友だちと、投げる位置や距離について活発に意見を交換することを通して、半径の長さはどれも等しいことに気づき、**円に対する理解を深める**[B]ことができました。観点2

言い換え表現

A 友だちと意見を交換し合うこと ➡ 友だちと活発に意見を交わすこと／クラスのみんなで議論を交わすこと

B 円に対する理解を深める ➡ 円の学習を確かなものにする

エピソード⑩　さまざまな場面でよさを発揮する子　Type 09

友だちの意見をよく聞き、友だちの意見のよさを踏まえて、自分の意見をもつことができた。

● POINT
学習に苦手意識をもっている子でも、友だちの話をよく聞くことができたこと、友だちの意見に共感したうえで自分の意見をもつことができたことなど、学習に取り組む姿勢を評価するとよいでしょう。

文例① 「3けたのたし算」の計算の仕方を考える場面では、友だちとペアになり、解き方をいくつも考え出しました。友だちの意見をよく聞き、自分一人では自信がもてなかったことも、だんだんと**自信をもって答える**[A]ことができるようになりました。

文例② 苦手意識をもっていた「分数」の学習では、友だちの意見を聞くことで、自分の意見に自信をもつようになりました。**問題に対して時間をかけてねばり強く取り組み、解決していく力**[B]が伸びています。

言い換え表現

A 自信をもって答える ➡ 堂々と大きな声で答える／胸を張って答える／自信をもって言葉にする

B 問題に対して時間をかけてねばり強く取り組み、解決していく力 ➡ 最後まで諦めずに問題に取り組む力／根気強く取り組み、問題を解決する力

エピソード⑪ さまざまな場面でよさを発揮する子 Type 09

算数に対して苦手意識をもっていたが、教師の話をよく聞き、諦めずに問題に向かい続けることで学力を少しずつ伸ばしていった。

POINT

一人ひとりに目を向け、他と比べることなく、その子の成長を保護者に伝えます。今までできなかったことができるようになった大きな成果を伝えます。たとえ、やる気になったのが後半でも、「やる気を出したこと」に焦点を合わせて書くのがポイントです。

文例① 苦手とする「わり算」の学習では、休み時間になっても問題に取り組み、わからない問題を教師に聞きにくる姿が何度もありました。「わかるようになりたい」という気持ちが伝わり、**努力を続けている姿に成長感じました**[A]。 **観点2**

文例② **わからない問題に投げやりになる**[B]ことなく、わからなければわかるようになるまで取り組む努力を続けました。その頑張りと根気に拍手を送ります。

言い換え表現

A 努力を続けている姿に成長を感じました ➡ 大きく成長しました

B わからない問題に投げやりになる ➡ 計算の問題を「解けない」と諦める

観点1…知識・理解／**観点2**…思考・判断・表現／**観点3**…主体的に学習に取り組む態度

学習
国語
社会
算数
理科
音楽
図画工作
体育
道徳
外国語活動
総合的な学習の時間
その他

エピソード⑫

人望がある子

Type 10

どんな問題にも、「なぜ」「どうして」の問題意識をもち、根拠をもって問題を解決することができた。

●POINT

論理的に考える姿勢をもつことができることを指摘します。根拠をもって発言をするので、まわりの友だちからも一目置かれる存在であることも伝えるとよいでしょう。

文例① 算数では、どんな問題に対しても「なぜ」「どうして」の問題意識をもって、学習に取り組みました。自分が納得できるまで、友だちの意見をじっくりと聞き、自分でよく考え、**論理的思考力を高めること**[A]ができました。**観点2**

文例② 算数では、友だちの意見と自分の意見とを比べて、どこが違うのか、どこが似ているのか、大切なポイントを言い当てることができました。物事をよく考え、吟味する姿勢は、まわりの友だちからも**尊敬されています**[B]。**観点2**

文例③ 算数では、小さな問題でも、疑問に思ったことは積極的に質問していました。○○さんの質問は、**クラスのみんなが考える助け**になっています。

言い換え表現

A **論理的思考力を高めること** ➡ 筋道を立てて考えること

B **尊敬されています** ➡ 一目置かれています

C **クラスのみんなが考える助け** ➡ 友だちが答えを出すときのヒント

エピソード⑬

特別な支援で力を発揮できる子

Type 11

「わり算」でつまずいたとき、前の学年に戻ってやり直した。

●POINT

自分の弱点に気づき、「将来の自分を変えていくために、今頑張ろう」とする態度を評価します。

文例① 苦手にしていた計算練習に、自分から取り組むようになりました。学年をさかのぼって、できなくなったところから始めようと決心し、行動に移せたことが、**何よりも大きな成長だと感じます**[A]。

文例② 「ここからやってみる」と言い、低学年のドリルを持ち出して真剣に取り組むようになりました。**自分に必要なことを素直に認めて努力する姿**[B]はとても立派です。

言い換え表現

A 何よりも大きな成長だと感じます ➡ 新たな第一歩だと感じます

B 自分に必要なことを素直に認めて努力する姿 ➡ 自分の課題に気づいて「今頑張ろう」と努力する姿

エピソード⑭ 所見を書きにくい子 Type 12

授業中の意欲が見えにくいが、興味のあることには耳を傾ける。

POINT

興味をもった教科やよかったところをほめます。その相乗効果で、他の教科や授業へのやる気を引き出せるように、これからの課題や指導の方向性なども示します。

文例① 算数の作図に興味をもち、丁寧に取り組んでいます。計算も正確さが増してきました。友だちの解き方や考え方にも**耳を傾けるようになってきた**[A]ので、さらなる飛躍が期待できます。観点1

文例② 真剣に取り組んだときは、大変丁寧にノートをまとめることができます。算数に少し苦手意識をもっているので、取り組みやすい問題を進めながら、**自信をつけていきたい**[B]と思います。観点1

文例③ 一つひとつの問題に対して真剣に取り組み、丁寧に問題を解く力が身についています。自分の答えに自信をもって、**間違いを恐れずに**[C]どんどん意見を発表していけるようになれば、より大きな成長が期待できます。

言い換え表現

A 耳を傾けるようになってきた ➡ 興味をもち始めた

B 自信をつけていきたい ➡ 興味・関心を高めていきたい

C 間違いを恐れずに ➡ 積極的に

観点1…知識・理解／観点2…思考・判断・表現／観点3…主体的に学習に取り組む態度

学習　国語　社会　算数　理科　音楽　図画工作　体育　道徳　外国語活動　総合的な学習の時間　その他

Subject

理科

観察や実験にいきいきと取り組む様子を伝えよう

エピソード1

こつこつ頑張る子

Type 01

理科の授業で、参考書のようなノートづくりを行い、理解を深めることができた。

POINT

「自分のためにノートを書くんだ」という決意、そのために努力を惜しまない姿勢を評価します。そうすることで、本人の意欲がさらに高まります。

文例① 授業中に気づいたこと、担任の言葉、豆知識などをノートの片隅に書きとめ、学習に活用できるよう自作の参考書のようなノートをつくっています。**その努力が、今後の学習に成果となって表れてくることを楽しみにしています**[A]。**観点 2**

文例② 授業の感想には、自分の考えや疑問点を書き出し、学んだことを自分の知識にしようと努めていました。**「未来の自分のためにやっている」という言葉に感心しました**[B]。**観点 2**

文例③ ○○さんのノートは、自分の意見が書かれているだけでなく、担任や友だちが話したことをメモしたり、資料を貼ったりしていて、レイアウトも工夫されています。**学習意欲の高まりを感じました**[C]。**観点 2**

言い換え表現

A その努力が、今後の学習に成果となって表れてくることを楽しみにしています ➡ ○○さんの努力を惜しまないその意欲が、学習の成果となって表れてくることを期待しています

B 「未来の自分のためにやっている」という言葉に感心しました ➡ 先のことを見通していて、「今やるべきこと」が理解できています

C 学習意欲の高まりを感じました ➡ 意欲的に学習に向かうことができるようになりました

エピソード2 一芸に秀でた子 Type 02

ただ観察するだけでなく、「疑問は解決していこう」とする意欲をもって取り組むことができた。

POINT
疑問をもって学習に取り組む姿勢を評価します。身のまわりのさまざまな事象に興味・関心を示し、日頃から研究熱心であることも評価します。

文例① 「昆虫のからだのつくり」の学習では、オンブバッタをよく観察しながら、「オンブバッタの羽が葉に似ているのはなぜだろう」と、**疑問をもちながら**[A]意欲的に取り組むことができました。自分で抱いた疑問を解決したいという姿勢が素晴らしいです。観点2

文例② 「昆虫のからだのつくり」の学習では、モンシロチョウをいろいろな方向から観察し、頭・むね・はらがどこからどこまでなのかを**よく考えながら観る**[B]ことができました。また、「ダンゴムシは体が3つなのかな」と課題をもって取り組むことで、学びを深めています。観点2

言い換え表現

A **疑問をもちながら** ➡ 課題を設けながら
B **よく考えながら観る** ➡ よく観察する

エピソード3 知識が豊富な子 Type 03

チョウの幼虫の観察では、細部までよく見て観察カードに記録し、昆虫について知っていることや気づいたことを進んで発表することができた。

POINT
昆虫に興味をもち、観察力があること、そしてその興味・関心から得た知識を学習に生かせたことを伝えます。

文例① 理科のモンシロチョウの幼虫の学習では、大きさ・形・足の数など細かいところに着目して観察し、その結果をみんなの前で発表することができました。**昆虫についての知識を発揮しながら学習に取り組んでいます**[A]。観点1

観点1…知識・理解／観点2…思考・判断・表現／観点3…主体的に学習に取り組む態度

文例② 昆虫の観察では、上下左右のいろいろな向きから見て、足が生えているところや体に模様があるところなど、**細部までよく見ていました**[B]。また、昆虫について詳しく発表することができ、日頃から興味・関心をもち、**その知識が学習に生かされていることがわかります**[C]。**観点 2**

言い換え表現

A 昆虫についての知識を発揮しながら学習に取り組んでいます ➡ 興味・関心のある事柄の知識を、学習に生かすことができています／自分が好きなことの知識をうまく学習につなげています

B 細部までよく見ていました ➡ 細かいところまで丁寧に観察していました

C その知識が学習に生かされていることがわかります ➡ その知識を授業で生かしていることがわかります

エピソード④ 発想が豊かな子

Type 04

学習のまとめとして独創的なおもちゃを作ることができた。

POINT

学習した知識を活用して発展させたことを評価します。その子の作品のよさがわかるように具体的な様子を伝えます。

文例① 「じしゃくのひみつ」の学習では、磁石はS極同士、N極同士は退け合い、S極とN極は引き合うという性質を利用して、「進めぼくのヨット」というおもちゃを作りました。S極がついた船のうしろにN極を近づけて、水の上をすいすい進む様子を楽しみながら、さらに**改良を重ねようと**[A]意欲的に取り組むことができました。**観点 3**

文例② 「ゴムのはたらき」の学習では、ゴムの長さや帆の大きさによって車の速さが変わることを学び、まっすぐに長距離を走るオリジナルのおもちゃの車を作りました。帆の大きさを変えたりゴムの量を変えたりと、何度も**試行錯誤しながら**[B]工夫して取り組むことができました。**観点 3**

言い換え表現

A 改良を重ねようと ➡ 速く走るよう考え

B 試行錯誤しながら ➡ くり返し失敗を重ねながら

エピソード⑤ まわりのために動ける子

Type 05

同じグループの友だちで、できない子やわからない子がいると手伝ってあげていた。

POINT

グループの友だちにアドバイスをしながら、みんなで協力して学習を深めている姿を評価します。人に教えることは、自分の理解を深めることにもつながります。

文例① 「ものの重さと体積」の学習では、なかなかてんびんの左右が釣り合わない友だちに、「てんびんについているクリップの場所を少し変えてみるといいよ」と、**アドバイスをすること**[A]ができました。**仲間と協力して**[B]学んでいこうという姿勢が素晴らしいです。**観点2**

文例② 「空気と水」の学習では、グループの友だちと大きな袋に空気を入れ、空気を閉じ込める実験をしました。なかなか空気を入れられない友だちがいると、「袋を上に持って走るとたくさん空気が入るよ」と言って**協力して活動する**[C]ことができました。**観点2**

言い換え表現

A **アドバイスをすること** ➡ 助言をすること
B **仲間と協力して** ➡ 友だちと支え合いながら
C **協力して活動する** ➡ 一緒に取り組む

エピソード⑥ クラスをまとめる子

理解できた内容や、学習で気づいたことをみんなの前で堂々とわかりやすく説明していた。

POINT

わかったことを自分だけでなくみんなに広げていこうと、自ら行っている姿を評価します。このような行動は、クラスをまとめる力があるからこそできることです。

文例① 「人の体のつくりと運動」の学習では、自分の体の動きについての話し合いで、「ほら、重いものを持ったときのほうがいつもより力を入れているし、筋肉が硬くなったよ」と、積極的にみんなの前に出て、**わかりやすく説明すること**[A]ができました。**観点2**

観点1…知識・理解／**観点2**…思考・判断・表現／**観点3**…主体的に学習に取り組む態度

文例 ②　「空気と水」の学習では、空気鉄砲の玉が飛び出す仕組みから、空気の性質を調べました。空気の押し返す力の強さに気づき、安全に実験を行えるように**「危ないから人に向けてはいけないよ」とみんなに教えていました**[B]。**観点 2**

文例 ③　細部まで観察した自分の観察カードに描かれている絵をもとに、みんなの前で発表することができました。**いきいきとした表情で**[C]発表している姿に、○○さんの好きなものに対する愛情を感じました。

言い換え表現

A わかりやすく説明すること ➡ 丁寧に詳しく伝えること

B 「危ないから人に向けてはいけないよ」とみんなに教えていました ➡ みんなに説明していました

C いきいきとした表情で ➡ 目を輝かせて

エピソード 7

積極的に自己表現できる子　Type 07

理科の実験で、「どうして？」「わからない！」など、疑問をその場で言うことができ、学級の学びを広げた。

POINT

まず、積極的に授業に参加しようとする態度を認めます。また、そうした態度や発言が学級に学びを広げていることを書くと、その子の行動がより意味のあるものになります。

文例 ①　理科の「空気でっぽう」の実験で、常に好奇心をもって取り組んでいました。**「なぜ？」「どうして？」と疑問に思ったこと**[A]は、その場で解決しようと質問をし、理解を深めました。**観点 2**

文例 ②　わからないことがあると、すぐに質問して、理解しようと努めていました。○○くんの発言や質問やつぶやきが、**いつも学級全体の学びに広がりを与えています**[B]。**観点 2**

言い換え表現

A 「なぜ？」「どうして？」と疑問に思ったこと ➡ 率直な疑問点

B いつも学級全体の学びに広がりを与えています ➡ いつもクラスの学びに広がりをもたらしています／クラスのみんなに影響を与えています

エピソード8　友だちとのかかわりがよくできる子　Type 08

実験や新聞づくりの際、みんなの努力をしっかりと認めながら、仲よく学習することができた。

POINT
お互いのよさを認め合いながら協力して学習を進めたことを評価します。グループ学習ではとても大切なことです。

文例① 「水の3つのすがた」の学習では、水が沸騰するときの姿をグループで調べました。アルコールランプに上手に火をつけられない友だちには、「おなかから外側に向けてマッチを擦るといいよ」と言って、**注意事項**[A]を班のみんなと確認することができました。仲よく協力して実験を進め、理解をより深めました。**観点2**

文例② 理科の実験で結果の予想を立てるときに、友だちの**考えを上手に引き出す**[B]ことができます。○○さんの班は、いつもスムーズに実験が進み、よい結果を導き出しています。

文例③ 「暑い季節」の学習では、グループの友だちと一緒に「夏の自然新聞」をつくりました。生き物ごとにコーナーを振り分け、担当した昆虫や植物について**詳しく調べてまとめました**[C]。「○○さんのアゲハのコーナーはわかりやすいね」と、まわりの友だちにも目を向けながら学習を進めることができました。**観点2**

言い換え表現

A 注意事項 ➡ 気をつけなければいけないこと

B 考えを上手に引き出す ➡ 考えを真剣に聞く

C 詳しく調べてまとめました ➡ 友だちと協力しながら調べました

エピソード⑨　さまざまな場面でよさを発揮する子

Type 09

虫採りが大好きで、意欲的に昆虫の体のつくりを調べる学習に取り組んでいた。

● POINT
普段から熱中していることがきっかけとなり、意欲的に学習に取り組めたことを伝え、さらなる意欲の喚起を促します。

文例① 理科の「こん虫を調べよう」の学習で、「いつも採っている虫ってこんな形をしているんだ！」「この虫知ってる！　近所の公園によくいるよ！」などと、大好きな虫採り遊びを思い出しながら、**目を輝かせて**[A]取り組みました。日常の体験が学習につながる楽しさを感じました。**観点 2**

文例② 理科の「こん虫を調べよう」では、大好きな虫採りを思い浮かべながら、意欲的に学習に取り組みました。目をキラキラと輝かせて観察し発言する姿から、**学ぶ楽しさを感じている**[B]ことが伝わってきました。**観点 2**

言い換え表現

A 目を輝かせて ➡ 意欲的に
B 学ぶ楽しさを感じている ➡ 楽しく学習している

エピソード⑩　人望がある子

Type 10

「よう虫を育てよう」の新聞づくりで、オリジナルのキャラクターを用いて個性的に仕上げた。

● POINT
オリジナルのキャラクターを描いて、楽しい紙面づくりになるよう工夫したことを指摘し、まわりがどんな反応だったかを記述します。

文例① 「よう虫を育てよう」で、可愛いキャラクターを登場させた新聞をつくりました。まるでよう虫にインタビューをしたかのような「よう虫の気持ち」の記事など、アイデアいっぱいの新聞は、みんなが完成を楽しみにしているほど、**クラスの評判になっています**[A]。**観点 2**

文例② 「よう虫を育てよう」では、班で協力して**アイデア満載の新聞**[B]をつくることができました。〇〇くんのまるでよう虫に取材をしたような記事

はクラスでも話題となりました。観点 2

言い換え表現

A クラスの評判になっています ➡ その話題でもちきりになっています
B アイデア満載の新聞 ➡ オリジナリティあふれる新聞

エピソード⑪ 特別な支援で力を発揮できる子 Type 11

興味・関心をもっている昆虫の知識を生かして、学習に取り組んでいた。

POINT
興味・関心をもっていることやその知識を、学校の学習でどのように活用できたかを示します。発表の様子など、積極的に活動している様子を伝えられるようにします。

文例① 理科「冬の生物」についての学習では、「成体で冬を越す昆虫もいる」など、知識を生かした表現でまとめていました。**興味・関心の高い分野での知識には、光るものがあります**[A]。観点 1

文例② 理科で昆虫について学習したときには、試験管に入れたアリを見て、「触角がよく動いて、しゃべっているみたいだね」と、詳しく観察することができました。**興味・関心をもって取り組んでいることがよくわかります**[B]。観点 2

言い換え表現

A 興味・関心の高い分野での知識には、光るものがあります ➡ 日頃の興味・関心から得た知識が学習の中で生かされています／好きなことに関する知識やそれを学びに生かす力には目を見張るものがあります

B 興味・関心をもって取り組んでいることがよくわかります ➡ 自ら進んで意欲的に活動していることが伝わってきます

学習 国語 社会 算数 理科 音楽 図画工作 体育 道徳 外国語活動 総合的な学習の時間 その他

エピソード⑫

所見を書きにくい子

Type 12

生き物や植物を観察する学習で、見たこと・感じたこと・考えたことなど、自分の言葉でカードやノートにまとめることができた。

POINT

授業中だけではなかなか見取れない児童がいますが、ノートや記録カードなどを活用すると、児童のよさを見つけ出せます。定期的にノート点検などをして、記録しておきましょう。

文例① ヘチマを育てる学習で、**正確な**[A]スケッチだけでなく気温や大きさ、様子なども**わかりやすく記録する**[B]ことができました。さらに、**記録を上手に整理して**[C]、生長の様子と季節との関係を結びつけて考えることができました。**観点 2**

文例② 夏の生き物を観察する学習で、春から夏になると昆虫の動きや植物の育ち方が変わることを理解しました。また、昆虫や植物の種類によって好む条件が異なることにも**目を向け**[D]、**ノートにまとめる**[E]ことができました。**観点 2**

文例③ ホウセンカを観察する学習では、観察カードに丁寧なスケッチと自分が見たことや感じたことを細かく書くことができました。誰も気づかないような植物についた小さな昆虫まで描きこんでいて、○○さんの**高い観察力が感じられました**[F]。

言い換え表現

A 正確な ➡ 丁寧な／精密な

B わかりやすく記録する ➡ 丁寧に記録する／細かに記録する

C 記録を上手に整理して ➡ 観察したことをきちんとまとめあげ

D 目を向け ➡ 注目して／着目して

E ノートにまとめる ➡ 記録カードに書き記す

F 高い観察力が感じられました ➡ 鋭い観察眼が光っていました／細やかな着眼点が素晴らしいです

Subject
音楽
自由に表現する姿や友だちと一緒に演奏を楽しむ様子を捉えよう

エピソード1 一芸に秀でた子 Type 02

楽譜を読める児童が、課題以外の曲に挑戦したり、友だちに読み方を教えてあげたりしていた。

POINT
楽譜が読めるという事実だけでなく、それを自分や友だちの課題解決のために使おうとする姿を認めることで、子どもの自己肯定感を高める所見とします。

文例① 得意なリコーダーの学習では、課題曲が吹けるようになると、別パートや他曲の練習に取り組んでいます。「できること」から「もっとできること」に、**範囲を広げていこうとする姿に**[A]成長を感じます。観点2

文例② 得意なリコーダーの学習では、楽譜の読み方を友だちに教えてあげたり、「うまい！」「もうちょっとでできるよ」などと励ましたりしていました。**自分のできることをみんなのために役立てていこうとする姿勢**[B]が立派でした。観点2

言い換え表現

A **範囲を広げていこうとする姿に** ➡ どんどん進める意欲に

B **自分のできることをみんなのために役立てていこうとする姿勢** ➡ 友だちを手伝おうとする気持ち

エピソード2 まわりのために動ける子 Type 05

リコーダーの演奏が苦手な友だちに、何度も丁寧に教えてあげていた。

POINT
まわりの友だちが困っていることに気づく感性と、何とかしてやりたいという姿勢を評価します。

文例① リコーダーが苦手な友だちに気づき、丁寧に教えることができました。指の動かし方を示して根気強く一緒に練習し、友だちが演奏できるようになったことを、**自分のことのように喜んでいました**[A]。観点3

観点1…知識・理解／観点2…思考・判断・表現／観点3…主体的に学習に取り組む態度

文例② 自分のことは後回しにしても、友だちに体をくっつけるようにして指の運び方を**熱心に教えてあげる**[B]様子が頼もしいです。**観点3**

文例③ リコーダーの練習中、困っている友だちに声をかけ、教えてあげていました。○○さんのやさしい行動が、**学級の一体感を高めています**[C]。

言い換え表現

A 自分のことのように喜んでいました ➡ 一緒になって喜んでいました

B 熱心に教えてあげる ➡ くり返し教えてあげる

C 学級の一体感を高めています ➡ クラスのまとまりを強くしています／みんなの一体感を深めています

エピソード③ クラスをまとめる子

Type 06

合唱の練習で、率先してよい点や課題を挙げ、立派な合唱を披露することができた。

POINT

進んでみんなを引っ張り、本番での成功につながったことを伝えます。進んで取り組んだ結果がみんなのためになったことがわかるように伝えます。

文例① 音楽の合唱では、行事に向けた練習で、「もっとここは元気にうたおうよ」「ここは、速くならないように」などと具体的な課題を示し、進んで学級の学習をリードしました。本番ではその成果を生かし、メリハリのある**素晴らしい合唱を披露すること**[A]ができました。**観点3**

文例② 音楽では、行事に向けた学級の合唱練習の推進役になりました。課題を示したり、上手になったことをみんなに伝えたりすることで、学級の自信を深め、本番ではクラス全員が爽やかな笑顔で**いきいきした歌声を響かせることができました**[B]。**観点3**

言い換え表現

A 素晴らしい合唱を披露すること ➡ 本番で成功すること

B いきいきした歌声を響かせることができました ➡ 自信をもってうたうことができました

エピソード4 積極的に自己表現できる子 Type 07

歌をうたうとき、楽器を演奏するときなど、自然に自分を表現できる。

POINT
音楽の時間に、歌が上手かどうかより、大きな声で堂々とうたえていることを評価すると、子どもの自信につながります。

文例① 音楽の時間には、大きな声で表情豊かに歌をうたい、手本となっています。流行りの歌もすぐに覚えて、**臆せず明るく元気にうたうことができます**[A]。観点2

文例② 音楽で歌のソロパートに立候補し、授業を盛り上げました。**自分をありのまま表現できるのは、○○さんの天性の持ち味です**[B]。観点2

言い換え表現

A 臆せず明るく元気にうたうことができます ➡ クラスの雰囲気を盛り上げることができました／明るく元気に表現することができます

B 自分をありのまま表現できるのは、○○さんの天性の持ち味です ➡ 積極的に自己表現できるところは、○○さんの長所です

エピソード5 人望がある子 Type 10

音楽への感性が優れていて、学習内容を深く理解したり味わったりする姿に、まわりが引き込まれた。

POINT
音楽への感性が優れていて、それによってクラスのみんなに影響を与えたことを伝えます。

文例① 音楽の鑑賞の学習でベートーベン作曲のメヌエットを聴き、二つのメロディーの違いについて発言しました。その感性の鋭さに**まわりの友だちから感嘆の声が上がりました**[A]。観点2

文例② 音楽の学習で、それぞれのメロディーの特徴をとらえるだけでなく、「一つ目は心が落ち着いて、二つ目は楽しい気持ちになる」と、**曲の雰囲気を味わう**[B]ことができました。それに続き、次々に意見が飛び交い、みんなで楽曲を楽しむことができました。観点2

観点1…知識・理解／観点2…思考・判断・表現／観点3…主体的に学習に取り組む態度

言い換え表現

A まわりの友だちから感嘆の声が上がりました ➡ まわりの友だちから羨望の眼差しで見られていました

B 曲の雰囲気を味わう ➡ 曲の違いを聴き分ける／曲の持ち味を伝える／曲の味わいを楽しむ

エピソード⑥ 人望がある子 Type 10

音楽のグループ演奏で、演奏が苦手で困っている友だちをサポートした。

POINT
まわりの友だちが困っていると、自分が手本となって、何とかしてあげようというリーダーとしての姿勢を評価します。

文例① 楽器の演奏が苦手で困っている友だちに気づき、教えてあげることができました。友だちが○○できるようになったことに、**自分のことのように喜んでいました**[A]。

文例② 音楽の時間、合奏の練習中に、音が合わせられずに困っている友だちにすかさず声をかけ、自分の演奏を手本にしながら教えていました。まわりの友だちに気を配る様子とやさしい行動に、**こちらも胸が熱くなりました**[B]。

文例③ 音楽の学習では、グループの中心となって楽しく練習をすることができました。グループの誰かがうまく演奏できれば「いいね！」と自分のことのように喜び、休み時間になっても**何度も口ずさむほど夢中になっていました**[C]。 観点3

言い換え表現

A 自分のことのように喜んでいました ➡ 達成感を感じていました／一緒になって喜んでいました

B こちらも胸が熱くなりました ➡ 拍手を送ります／○○さんの成長を感じました

C 何度も口ずさむほど夢中になっていました ➡ 思い出してうたうほど練習していました

Subject

図画工作

作品づくりや造形活動を通して見取った子どものよさを伝えよう

エピソード❶　一芸に秀でた子

Type 02

教師の話をよく聞いたうえで、まわりの友だちが想像もつかないようなアイデアを見出し、作品づくりをすることができた。

POINT

自分の世界観があり、とことん自分のアイデアに沿って作品を仕上げたいという意欲の高さを評価しましょう。他の分野では控えめな子も、自分の得意分野ではまわりの友だちを驚かせることがあります。

文例①「つなぎ絵」の制作で、まわりの友だちをあっと驚かす「巨大ティラノサウルス」を完成させました。何枚も何枚も画用紙をつなげていくアイデアは、○○さん**にしか思いつかないもの**[A]で、図工表現の楽しさを友だちに伝えることができました。観点2

文例②「遠足の絵」で、クレヨン・パスで動物の皮膚をリアルに塗り表しました。手の平が真っ黒に汚れても「大丈夫！　もっと塗るんだ！」と張りきって塗り続ける姿に、○○さんの**好きなものに対する熱意**[B]を感じました。観点2

言い換え表現

A **○○さんにしか思いつかないもの** ➡ 独創的なもの／○○さんらしいもの／○○さんならではの独創性

B **好きなものに対する熱意** ➡ 好きなものに対する思いの強さ／好きなものに熱中できる粘り強さ

エピソード❷　知識が豊富な子

道具を正しく安全に使い、作品を完成させることができた。

POINT

「できた」という事実はもちろん、道具の扱い方への確かな理解が授業を支えていると認めることで、自信をより深める所見にします。

観点1…知識・理解／観点2…思考・判断・表現／観点3…主体的に学習に取り組む態度

文例① 図画工作の木工作では、家庭で経験したのこぎりの使い方を「のこぎりは引いて切れるんだよ」と確認しながら、木片をきれいに切り出すことができました。**道具の扱い方への確かな理解が**[A]、作品づくりに生かされています。**観点1**

文例② 図画工作の木工作では、のこぎりを用いて、作品を完成させることができました。夏休みの地域のイベントで体験してきたのこぎりの使い方を**生かす**[B]ことができました。**観点1**

文例③ 図画工作の「○○づくり」では、材料の木の形の特徴を生かすなどの工夫をして、素晴らしい作品をつくりました。また、**道具をうまく扱うことができるので**[C]、扱いに慣れなくて困っている友だちを進んで手伝っていました。**観点1**

言い換え表現

A 道具の扱い方への確かな理解が ➡ 道具の使い方をよく知っていることが

B 生かす ➡ 有効に利用する

C 道具をうまく扱うことができるので ➡ 道具の扱いを得意としていて

エピソード3　発想が豊かな子　Type 04

材料の組み合わせなどを工夫しながら、人とは違う発想で、創造的に造形活動に取り組むことができた。

POINT

子どもは、大人が想像する以上に豊かな発想力をもっています。図画工作などの造形活動を評価する際は、型にとらわれず、ありのままのその子のよさを伝えることが大切です。

文例① 木工作では、素敵なマガジンラックを作りました。表現したいもののおもしろさや雰囲気が伝わるように、構成や材料の組み合わせの効果を考え、**デザインを工夫して**[A]創造的に作ることができました。**観点2**

文例② 段ボール箱を使った学習でロボットを作り、動きにおもしろさを加えて、関節を曲げられるような工夫を考えました。新たにイメージを膨らませながら制作する**力が身につきました**[B]。**観点2**

文例③ 展覧会では、友だちとは違う発想で作品をつくりました。完成した作品を**達成感**[C]に満ちた表情で嬉しそうに眺めていました。

言い換え表現

A **デザインを工夫して** ➡ デザインに自分らしさを加えて
B **力が身につきました** ➡ 力が定着しました／力を自分のものにしました
C **達成感** ➡ 充実感／満足感

エピソード④ まわりのために動ける子 Type 05

グループ活動で、班の友だちと協力して声をかけ合い、楽しく作品をつくることができた。

● POINT
グループで活動する場面では、まわりと協力する姿勢を評価するとよいでしょう。自分のことばかり優先するのではなく、みんなのことを思いやるやさしさに着目します。

文例① グループ活動では、次にやるべきことを予測し、友だちが進めやすいよう「先に接着剤を使っていいよ」などと声をかけ合いながら、作業を進めることができました。**友だちのことを思いやる温かい心が育っています**[A]。観点2

文例② 絵の具のおもしろい塗り方のアイデアを自ら発見し、「みんな、見て。こんな風に塗るときれいだよ」と、同じグループの友だちに紹介しました。**楽しみをわかち合い**[B]、表現力を高め合うことができました。観点2

言い換え表現

A **友だちのことを思いやる温かい心が育っています** ➡ 友だちのことを思いやるやさしい気持ちが見て取れました
B **楽しみをわかち合い** ➡ 協力して楽しみながら

エピソード⑤ 積極的に自己表現できる子 Type 07

細かいところまでよく見て、考えて絵を描くことができた。

● POINT
独自の観点で作品づくりに取り組んでいる様子を評価します。色や筆づかいなどについて具体的に書きます。

観点1…知識・理解／観点2…思考・判断・表現／観点3…主体的に学習に取り組む態度

文例 ① 「木々を見つめて」の学習では、学校の中にあるお気に入りの木を見つけて、下から見上げた大胆な構図で描くことができました。色をつけるときも、「太陽の光があたるとこの辺がうすい茶色に見えるよ」と、幹の色ひとつでもたくさんの色を混ぜて工夫するなど、**作品の独創性が光っています**[A]。**観点 2**

文例 ② 「ふしぎなのりもの」の学習では、大好きなクワガタに乗っている自分の絵を描きました。クワガタが羽を広げて飛ぶ様子を、黒、茶色、こげ茶色と色を変えて表現しており、**「○年生でいちばん上手だよ」とまわりから言われるほどの力作**[B]で、**表現力の豊かさを発揮できました**[C]。

観点 2

言い換え 表現

A 作品の独創性が光っています ➡ 作品に独自の表現力が感じられました／○○さんらしい感性が満ちた作品に仕上がりました

B 「○年生でいちばん上手だよ」とまわりから言われるほどの力作 ➡ まわりの友だちから感嘆の声が上がるほどの大作／クラスのみんなの視線を集めるほどの大作

C 表現力の豊かさを発揮できました ➡ ○○くんの豊かな表現力が感じられました／その色づかいに感心しました

エピソード ⑥ 人望がある子 Type 10

集中して取り組んだ作品がみんなに絶賛された。

POINT

頑張って作品づくりをしたことが、みんなに影響を与えていることを評価します。尊敬する友だちのよいところやよい意見は真似したくなるものです。

文例 ① 「ギコギコ、コロコロ、楽しいなかま」で、木の車を作ったときには、のこぎりで角材をいろいろな形に切った後、やすりで**隅々まで磨きました**[A]。完成すると、「○○さんの車、上手だね」「ぴかぴかだね」と、みんなから絶賛されるのと同時に、○○さんの丁寧な取り組みが学級全体によい影響を与えています。**観点 2**

文例② 細長い紙をたくさん作る学習では、グループのみんなと新聞紙で秘密基地を作りました。○○さんが、「この新聞紙をつなげて屋根にしようよ」と提案すれば、みんなが「それ、いいね！」と言って仲よく**作業を進める**[B]ことができました。日頃の信頼の厚さが実を結んでいます。**観点2**

言い換え表現

A **隅々まで磨きました** ➡ 表面がつやつやと輝くほど磨きました／細かいところまで丁寧に磨きました

B **作業を進める** ➡ 作品に取り組む

エピソード7

所見を書きにくい子 Type 12

普段は注意力が散漫だが、図画工作の作品づくりでは、集中して取り組んでいた。

POINT

普段は集中力が途切れてしまうことがある児童が夢中になれる事柄について具体的に指摘します。図画工作の作品づくりなどを通して、ひとつの活動に工夫して取り組もうとする集中力や想像力の高さを評価します。

文例① 図画工作では、作品をいろいろな角度から見ながら丁寧に仕上げました。**じっくりと考えながら**[A]、集中して作業に取り組むことができます。**観点2**

文例② 図画工作では、作品のイメージを膨らませながら、集中して作業に取り組んでいました。どの角度から見てもバランスがよくなるように見直しながら仕上げ、**細部まで丁寧につくられた**[B]作品になりました。**観点2**

言い換え表現

A **じっくりと考えながら** ➡ 時間を惜しまずじっくりと

B **細部まで丁寧につくられた** ➡ 目立たないところまで手の行き届いた／見えないところにまで心を込めた

Subject

体育

努力の過程や友だちと協調する姿を評価しよう

エピソード❶

こつこつ頑張る子

Type 01

めあてを決めて、休み時間や家庭で二重跳びの練習をくり返すことで、跳ぶことができるようになった。

●POINT

できるようになったという成果だけでなく、めあてを決めてこつこつ取り組んだことを評価することで、これからも努力を重ねていこうという子どもの意欲につながります。

文例① 毎日二重跳びの練習に取り組み、目標の20回を跳ぶことができました。めあてを決め、それに向けて**努力を重ねていました**[A]。観点1

文例② 学校でも家でも練習を重ねていた二重跳びを、跳べるようになりました。嬉しそうに跳ぶ姿から、粘り強く取り組んだ**達成感を味わっている**[B]ことがよくわかります。観点1

言い換え表現

A **努力を重ねていました** ➡ こつこつ取り組んでいました

B **達成感を味わっている** ➡ 達成感を感じている

エピソード❷

一芸に秀でた子

Type 02

学級でいちばん力強いボールを投げ、体育や休み時間でのドッジボールで、その力を頼りにされていた。

●POINT

力強いボールを投げられるという事実だけに焦点を合わせるのではなく、それが友だちとのかかわりの中で認められていることも明らかにします。まわりから一目置かれていると伝えることで、子どもに自信をもたせます。

文例① 体力測定のソフトボール投げでは、誰よりも遠くまでボールを投げることができます。休み時間のドッジボールでも力強いボールを投げ、「ボールを投げるのはやっぱり○○くんだ」と**学級の友だちからも一目置かれています**[A]。観点1

文例② 体育や休み時間のドッジボールでは、チームが負けそうになると、○○くんにボールが集まります。友だちからのパスを嬉しそうに受け取る姿から、友だちとのかかわりの中で信頼を受け、**自信を深めていることがわかります**[B]。**観点1**

言い換え表現

A 学級の友だちからも一目置かれています ➡ クラスのみんなから認められています

B 自信を深めていることがわかります ➡ 自分の力を発揮していることがわかります

エピソード③ 一芸に秀でた子 Type 02

走る、跳ぶ、泳ぐなどの運動能力が高く、常に高みをめざして練習している。

POINT
運動能力が高いことだけではなく、常に記録に挑戦しようという意欲があることを具体的に評価します。

文例① 体育係となり、用具の準備を率先して行っています。小型ハードルはタイミングを合わせるのが難しいのですが、高い運動能力ですぐにコツをつかみ、**意欲的に記録に挑戦しました**[A]。**観点1**

文例② 水泳記録会では、個人種目のほかにリレーの選手に選ばれ、チームをリードしました。持ち前の身体能力の高さに加え、**自主練習をしっかり行ったこと**[B]が、記録更新につながりました。**観点1**

言い換え表現

A 意欲的に記録に挑戦しました ➡ タイムをぐんぐん縮めています／積極的に記録更新に挑んでいます

B 自主練習をしっかり行ったこと ➡ 地域のプールで友だちと誘い合って練習したこと

エピソード❹　知識が豊富な子　Type 03

保健学習のとき、知っていることを発言するなどして知識を学級のみんなに広げた。

POINT
保健の学習内容は、子どもによっては恥ずかしがることがあります。しかし、自分の体と向き合っていくうえで、大変重要な学習であることを保護者や子どもに伝えられるようにします。

文例① 健康な生活のためには、食事や運動、睡眠が大切で、これらのサイクルが崩れると身体に影響が出ることを知り、日常生活を振り返って改善すべき点があることに**気づきました**[A]。それから休み時間は、毎日校庭で体を動かすようになりました。**観点 1**

文例② 「育ちゆく体とわたし」では、成長には個人差があることをみんなの前で発表しました。○○くんの発表によって、クラスのみんなの中に「成長の時期の個人差」を受け入れる態度や心情が**根づきました**[B]。**観点 1**

言い換え表現

A 気づきました ➡ 目を向けました／理解を見せました

B 根づきました ➡ 芽生えました／身につきました

エピソード❺　発想が豊かな子　Type 04

体育のラインサッカーで、役割を分担することを提案し、チームの一体感を育み、プレーできた。

POINT
その子の考えが、プレーのどのようなところに生かされたのかを明らかにして、発想のよさがよくわかるように伝えます。

文例① ラインサッカーでは、「みんなで攻めたり守ったりするんじゃなくて、攻める人と守る人を決めたらいいんじゃないかな」と提案しました。役割を分担したことで、得点することや失点を防ぐことに集中できるようになり、**チームの勝利に貢献しました**[A]。**観点2**

文例② ラインサッカーでは、得点を入れ、失点を減らすために役割分担をしようと提案して、チームの勝利に貢献しました。「○○さんの作戦で勝てたよ！」と友だちから声をかけられて、とても嬉しそうにしており、**自分の考えが友だちの活躍につながった喜び**[B]を感じることができました。**観点2**

言い換え表現

A チームの勝利に貢献しました ➡ チームの勝ちに結びつけました

B 自分の考えが友だちの活躍につながった喜び ➡ 自分の考えを役立てられる喜び

エピソード⑥ まわりのために動ける子 Type 05

自分ができることをやるだけでなく、運動が苦手な子にも積極的にかかわり、上達させることができた。

POINT

友だちの活動に目を向け、友だちをサポートする姿勢が立派であることや、誰かのために自分に何ができるか考える姿勢など、内面の成長を伝えていきましょう。

文例① 得意の鉄棒で、自分ができる技を紹介するだけでなく、できない友だちの補助に入ったり、**技のポイント**[A]を教えたりしながら、学習を進めることができました。**観点2**

文例② 鉄棒の学習では、苦手な友だちの補助をしていました。できるようになった友だちから感謝され、友だちのために**自分が貢献できることの喜び**[B]を感じられたようです。**観点2**

言い換え表現

A 技のポイント ➡ 成功のコツ

B 自分が貢献できることの喜び ➡ 率先して活動する楽しさ

観点1…知識・理解／**観点2**…思考・判断・表現／**観点3**…主体的に学習に取り組む態度

エピソード7　まわりのために動ける子　Type 05

けがで体育を見学しているとき、道具の準備などを進んで手伝い参加した。

POINT
けがで授業に参加できなくても、自分にできることを考え、参加しようという意志を示せたことを評価します。

文例① けがをして体育を見学することが多くなってしまいましたが、「手伝うことはありませんか？」と必ず言いに来て、小型ハードルを何回も運んでいました。**自分にできることを探して実行できる行動力が素晴らしいです**[A]。観点3

文例② けがをして体育を見学していたときも、ハードルの準備を進んで手伝ってくれました。倒れたハードルを直したり、友だちの歩数をかぞえてアドバイスしたりするなど、**学習活動に参加しようという意欲が伝わってきます**[B]。観点3

言い換え表現

A 自分にできることを探して実行できる行動力が素晴らしいです ➡ 自分にできることがないかを考え実行できる○○さんの行動力を、これからも大切にしていきます

B 学習活動に参加しようという意欲が伝わってきます ➡ 自分にできることを見つけて、進んで学習活動に参加していました

エピソード8　クラスをまとめる子　Type 06

体育の学習で、チーム全員がボールに触れるように、声をかけパスを回し、リーダーシップを発揮していた。

POINT
みんなの先頭に立ってチームを引っ張り、みんなのために力を発揮していることを評価することで、子どもも保護者も喜ぶ所見になります。

文例① 体育のポートボールでは、全員にパスを回すことを目標に、ゴールをめざしました。**○○さんの元気なかけ声に励まされ**[A]、チーム全員がボールに積極的に向かえるようになりました。観点2

文例② 体育のポートボールでは、全員がボールに触れるように、**パスをもらう場所を教えたり**[B]、自ら声をかけてパスを回したりしていました。**みんなの楽しい学習のためにチームを引っ張り**[C]、リーダーシップを発揮していました。**観点3**

文例③ サッカーの学習では、ボールに慣れていない友だちにもやさしくアドバイスをし、リーダーとしてみんながサッカーを楽しめる雰囲気を**つくり出そうとしていました**[D]。**観点2**

文例④ 体育では、サッカーのリーダーに選ばれました。ボールの扱いが苦手な子にアドバイスをしたり、失敗しても**明るく励ましたりする**[E]など、**リーダーとしての責任を意識した行動**[F]に、○○くんの体育の学習に対する意欲の高まりを感じました。**観点3**

言い換え表現

A **○○さんの元気なかけ声に励まされ** ➡ ○○さんのかけ声に元気をもらい／○○さんの活発なかけ声に勇気づけられ

B **パスをもらう場所を教えたり** ➡ パスを出す場所の指示を出したり

C **みんなの楽しい学習のためにチームを引っ張り** ➡ みんなで楽しい活動をするためにチームの中心となって

D **つくり出そうとしていました** ➡ つくろうとする○○さんの心遣いが伝わってきました

E **明るく励ましたりする** ➡「ドンマイ！」と声をかけたりする／「大丈夫だよ！」と気づかったりする

F **リーダーとしての責任を意識した行動** ➡ みんなでサッカーを楽しめるように考えてとった行動

エピソード⑨ 積極的に自己表現できる子 Type 07

授業の中で、恥ずかしがらず堂々と自分の考えた動きを表現することができた。

POINT

体育では、体を使った表現の活動があります。全身を大きく使った動きや工夫した動きなど、「見せる動き」ができる子は、自己表現に長けています。

観点1…知識・理解／**観点2**…思考・判断・表現／**観点3**…主体的に学習に取り組む態度

文例① 体育のマット運動では、めあてに向かって技の練習に励みました。学習の最後に行ったマットの発表会では、**グループの友だちと動きを工夫して何度も練習に取り組み**[A]、息の合ったシンクロマットを披露することができました。**観点 2**

文例② 表現運動では、「○○の世界」というテーマで、**誰も思いつかないようなおもしろい動きを考えました**[B]。全身を大きく使って手足を伸ばし、体を丸めるなどの表現を友だちと協力することで、楽しい活動にすることができました。**観点 2**

文例③ 体育の鉄棒で、足かけ後転に何度もチャレンジしていました。「絶対できるようになる！」と果敢に取り組み、両腕をぴんと伸ばして後転を**成功させたときの嬉しそうな姿**[C]が、**とても印象的でした**[D]。**観点 3**

言い換え表現

A グループの友だちと動きを工夫して何度も練習に取り組み ➡ グループの友だちと動きを相談しながら練習に取り組み

B 誰も思いつかないようなおもしろい動きを考えました ➡ 個性あふれるユニークな動きを提案しました／みんなが思いつかないようなユーモアに富んだ動きを考えました

C 成功させたときの嬉しそうな姿 ➡ 披露したときの堂々とした姿／成功させたときの得意そうな笑顔

D とても印象的でした ➡ とても輝いて見えました／素敵でした

エピソード⑩ 友だちとのかかわりがよくできる子

Type 08

チームの和を大切にし、まわりによく目を向けて活動することができた。

POINT

運動が得意な子も苦手な子も全員で目標を達成していこうとする態度を認めること、またその中でも率先してクラスを引っ張っていく子を評価することで、よりよい学級になります。

文例① サッカーの学習では、チームメイトに、味方の動きを生かしたプレーやミスをした仲間に対しての声かけをしていました。○○くんのおかげで、みんなに**チームプレーの意識**[A]が育ちました。**観点 2**

文例② サッカーの学習では、チームメイトをよく励ましてくれました。○○くんがうみ出した、勝敗だけにこだわらず「みんなでやろう」という温かい雰囲気が、男女の仲がよい○組の**原動力となっています**[B]。

文例③ 体育のバスケットボールの学習では、チーム力を高めるために、パスやシュートの仕方を工夫し、具体的にチームメイトにアドバイスをして、**チームのみんなが活躍できるようなチームづくりをしました**[C]。 **観点 2**

言い換え表現

A **チームプレーの意識** ➡ 仲間意識

B **原動力となっています** ➡ 基礎となっています

C **チームのみんなが活躍できるようなチームづくりをしました** ➡ 作戦やめあてをチームのみんなが楽しめるものにしました

エピソード⑪ さまざまな場面でよさを発揮する子 Type 09

運動能力が高くなくても、体育のとび箱や小型ハードル走で諦めずに挑戦した。

POINT

苦手な教科でも前向きに楽しく運動できたことを評価します。努力し続けることで少しずつ進歩が見られ、達成感を味わえることを伝えます。

文例① 「とび箱運動」の学習では、くり返し挑戦し、手の位置や視線に気をつけて3段を跳ぶことができました。「体育って楽しいな」と、**いつも前向きに取り組む○○さんの姿勢**[A]が生み出した成果です。 **観点 1**

文例② 「小型ハードル走」の学習では、何度もハードルを倒してしまっても、諦めずに挑戦し続けました。タイミングをつかんで跳べたときは**満面の笑みで**[B]、努力することで得た達成感を味わっていました。 **観点 1**

言い換え表現

A **いつも前向きに取り組む○○さんの姿勢** ➡ 常に前向きでいることができる○○さんの気持ち

B **満面の笑みで** ➡ 嬉しそうに顔をほころばせて

エピソード⑫　さまざまな場面でよさを発揮する子

Type 09

体育で学んだことを、授業中だけでなく、休み時間などにも取り組み、健康な心身の保持増進に努めた。

● POINT

健康の保持増進のためには、普段から体を動かすことが大切です。体育の学習で取り組んだことを、日常生活に取り入れたいという子どもの前向きな姿勢を認めます。

文例①　持久走に取り組んだ3学期は、マラソンカードを活用して、自ら体力を高めようとする態度が身につきました。○○くんの**進んで取り組む姿勢**[A]に、クラスの友だちも触発され、学級全体で体力を高めようとする雰囲気が生まれました。

文例②　「なわとび月間」には、体育の授業中だけでなく、休み時間にも短縄を持って、校庭に飛び出していきました。苦手な二重跳びを克服しようと何度も練習をくり返し、**できるようになりました**[B]。○○さんの姿から「努力は人を裏切らない」ということを感じました。**観点 3**

言い換え表現

A 進んで取り組む姿勢 ➡ 意欲的に取り組む姿勢／主体的に取り組む姿勢

B できるようになりました ➡ 課題を克服しました／目標を達成させました

エピソード⑬　人望がある子

Type 10

体育のゴール型ゲームで、作戦を立てようとチームメイトに声をかけ、みんなで協力して得点する楽しさを味わうことができた。

● POINT

「作戦を立てよう」という発言がきっかけとなり、学級全体がチームで作戦を立てる楽しさを味わえたことを伝えます。それによって、その子が信頼されていることが伝わる所見となるようにします。

文例①　体育のゴール型ゲームでは、「もっと点を取るために、作戦を立てたほうがいいんじゃないかな」と、発言しました。その発言がチームメイトに受け入れられ、効率よくパスを回して、点をたくさんとることができました。**作戦を立てるよさが学級全体に広がり**[A]、「作戦を考えると、点

がとれていいね」と、友だちから大好評でした。観点2

文例② 体育のゴール型ゲームでは、点をたくさんとるために作戦を立てようと、**チームの友だちに呼びかけました**[B]。チームで立てた作戦がうまくいくと、学級にもその考えが広まり、得点をたくさん入れられるようになりました。観点2

言い換え表現

A **作戦を立てるよさが学級全体に広がり** ➡ クラスに考えが広まり
B **チームの友だちに呼びかけました** ➡ 仲間と話し合いました

エピソード⑭ 所見を書きにくい子 Type 12

とび箱の学習で、苦手な開脚跳びに挑戦し、跳ぶことができるようになった。

POINT
できたことはもちろん、そこに至るまでに粘り強く取り組んだことを認めることで、他の場面でも何事にも諦めずに取り組む意欲となるようにします。

文例① 体育のとび箱では、開脚跳びができることをめあてにし、くり返し練習に取り組みました。跳べたときの「やったぁ！　できるようになった！」と、嬉しそうに友だちにハイタッチをしに行く姿から、**達成感を味わっている**[A]ことが伝わってきます。観点3

文例② 体育のとび箱の学習で、手のつく位置や助走の距離、ジャンプのタイミングを意識して、くり返し開脚跳びの練習に取り組みました。**跳べるようになるというめあてを達成し**[B]、嬉しそうに報告しに来る姿から、**できる喜びを感じている**[C]ことがよくわかります。観点3

言い換え表現

A **達成感を味わっている** ➡ 成功を喜んでいる／達成の喜びを感じている
B **跳べるようになるというめあてを達成し** ➡ 粘り強く何度も練習した結果成功し
C **できる喜びを感じている** ➡ 自信を深めている

Subject

道徳

友だちの考えを聞いて自分の考えを深める姿を捉えよう

エピソード❶ こつこつ頑張る子

Type 01

話し合いでは発言はしなかったが、ワークシートには自分の考えを積極的に書き込んでいた。

POINT

中学年になると、ワークシートに書くスピードが上がり、量も増えていきます。自分の考えや思いをワークシートに記述していたら、学びの「よさ」として学習状況を記録します。自己を見つめる学習は、道徳科の目標のひとつであり、とても大切な姿です。

文例① 節度や節制の意義について考えました。学級で話し合ったことをもとに、「楽しくて、つい長い時間ゲームをしたくなったけれど、ゲームを買ってもらったときの約束なので時間を守りました。家族に叱られると、お互いに嫌な気持ちになるからです」と、節制できた**自分を見つめ**[A]、ワークシートに書きしました。

文例② 自然愛護について考える学習では、学級で話し合ったことをもとに、生き物を大切にした体験について考えました。「水を替えるとザリガニが気持ちよさそうなので、頑張って世話をしている」と**ワークシートに書きました**[B]。

文例③ 日本の文化や伝統について考えました。「私のおじいちゃんは、そろばんが得意で、電卓よりも早く正確な答えを出すことができます。使う人は少なくなっているけれど、そろばんはすごい道具です」と、**生活の中から日本の道具のよさを見つけ出していました**[C]。

言い換え表現

A 自分を見つめ ➡ 自分のよさを／自分の体験を

B ワークシートに書きました ➡ 体験を振り返りました

C 生活の中から日本の道具のよさを見つけ出していました ➡ 昔から使われている道具のよさを見つめていました／身近なところから、日本の道具のよさを見つけることができました

エピソード❷ 一芸に秀でた子 Type 02

自分が一生懸命に取り組んだ体験から得られた学びを振り返り、その価値について考えを深めた。

POINT

たとえ得意なことでも、取り組む中で、必ずつらい経験や厳しい経験をしたことがあるはずです。授業のねらいの視点で、その体験がその子にとって価値あるものになるよう授業をつくり、評価します。

文例① 努力について考えました。「サッカーのリフティングができるようになりたくて、毎日練習しました。だんだんできる回数が増えていき、嬉しかったです」と、**努力する喜び**[A]について、自分の気持ちを振り返りました。

文例② 礼儀について考える学習では、「ぼくが習っている剣道では、お辞儀で気持ちを表します。試合に勝ったときも、対戦相手の前では喜びません」と、礼儀には相手を大切にする気持ちが込められていることを**発表しました**[B]。

言い換え表現

A **努力する喜び** ➡ 努力することの大切さ

B **発表しました** ➡ 改めて考えていました

エピソード❸ 知識が豊富な子 Type 03

教材文を読み終えると、早く自分の思いを話したい様子で、発問をする前に挙手を始めた。

POINT

教材文で気持ちが揺さぶられ、自ら問いを発した姿を見ることができます。主体的に学ぶことのきっかけになるので、教材提示はとても大切です。

文例① 正直であることについて考える学習では、教材文を読み終えた途端に挙手をしていました。「嘘はいいことがないんですよね」と、つぶやきました。教材に自分の気持ちを重ねながら、**正直であることの大切さ**[A]について考えていました。

文例② 美しいものに感動する気持ちについて考えました。教材文を読み、自分がどこに心を動かされたのか、進んで発表しました。友だちの**発言を聞いて**[B]共感できると、「なるほど」と何度もうなずいていました。

言い換え表現

A 正直であることの大切さ ➡ いつも正直でいることの難しさ／常に正直でいることの大切さや大変さ

B 発言を聞いて ➡ 自分とは違う感じ方を聞いて

エピソード❹ 発想が豊かな子 Type 04

友だちの考えをじっと聞いた後、新たになった自分の考えを発言した。

POINT

道徳の目標である「多面的・多角的に考える」学習は、主体的・対話的で深い学びと関わる大切なものです。友だちとの話し合いで自分の考えが広がったり、深まったりします。自分にはない考えに出合い、考える姿を見取りましょう。

文例① 規則正しい生活について考える授業では、「朝寝坊をしたことを、お母さんのせいにしてはいけない」という友だちの考えを受け、「親が買ってくれた目覚まし時計には意味があるはずです」と新たな**視点を投げかけました**[A]。この発言で話し合いが深まりました。

文例② 公平な態度について考えました。「おとなしい子だからって、強い口調で言うのはかわいそう」という友だちの考えを聞き、「みんなの意見を聞いて考えたのですが、人によって差をつけることがよくないのだと思います」と、**問題点をまとめる考え**[B]を述べ、議論を深めました。

言い換え表現

A 視点を投げかけました ➡ 問題を提起しました／意見を発表しました

B 問題点をまとめる考え ➡ 考えを整理する意見

エピソード5　まわりのために動ける子

Type 05

普段、当たり前のこととしてみんなのために動いていた子どもが、授業の中で自分の働きの意味や役割を見つめていた。

POINT

子どもたちは、自分の言葉や行動の価値に気づかず行動していることが多くあります。道徳の授業を通してその価値に気づき、自分のよさを見つめられるようにします。

文例① 働くことについて考えました。○○さんは、**働く自分の気持ち**[A]を見つめ、「今まで、なんとなく図書室の椅子を、みんなの分まで片づけていたけれど、次に使う人が気持ちよく使えるようにやっていたのだなと思いました」と、新しい気づきを発表しました。

文例② 学校生活をよりよくすることについて考えました。「クラス遊びがドッジボールに決まって、嫌がっている友だちがいました。苦手なのを知っていたので一緒に逃げてあげたら、『楽しかった』と言ってくれました。これからもみんなで楽しく遊べる方法を考えたいです」と発言しました。みんなで**助け合って、よいクラスをつくる大切さ**[B]を改めて考えることができました。

言い換え表現

A **働く自分の気持ち** ➡ 自分の働きの意味

B **助け合って、よいクラスをつくる大切さ** ➡ よい学級にするために自分ができること

エピソード6　クラスをまとめる子

友だちの考えを受けてさらに自分の考えを深めるなど、話し合いをつないでいた。

POINT

対話的で深い学びは、一問一答型の指名や、考えを羅列しただけの板書から脱却する必要があります。一人の子どもの考えをクラス全体に広げていくときに、友だちの発言をつなぐ力のある子どもが活躍します。

文例① 生命の尊さについて考えました。「命はひとつしかないから大事と○○さんが言っていましたが、もうひとつ、家族がすごく悲しむからという理由も思いつきました」と述べました。**話し合いをつなぎ、考えを深めて**[A]いました。

文例② 個性について話し合い、授業の最後に自分のよさを考えました。○○さんは、友だちの「私には、いいところがない」という発言を聞き、「あるよ。誰でもみんな、だめと言わずに遊びに入れてあげているじゃない。私はそれが、△△さんのいいところだと思う」と伝えていました。**個性を認め合うあたたかい授業になりました**[B]。

言い換え表現

A 話し合いをつなぎ、考えを深めて ➡ 友だちの意見により考えを深めて

B 個性を認め合うあたたかい授業になりました ➡ 友だちよさに気づくところが○○さんの長所です

エピソード⑦ 積極的に自己表現できる子

Type 07

友だちの発言を聞いて、うなずいたり、つぶやいたりして反応していた。そのつぶやきが、話し合いの深まりにつながっていた。

POINT

話し合いは、対話的な学習の要です。一人ひとりが単に「発表」していくだけではなく、それぞれの発言をつなぎながら深めていくことが大切です。クラス全体をよく見て友だちの発言に反応している子どもを見逃さず、それを生かして対話につなげていきます。

文例① 親切について考えました。友だちが「電車で席を譲って、断られたら恥ずかしい」と述べると、「そうそう！」とつぶやき、「でも、席を譲ることは、恥ずかしいことではないよね」とみんなに意見を投げかけました。○○さんの発言は、**クラスの話し合いを深めました**[A]。

文例② 国際理解について考えました。○○さんは、**世界の国々に関心をもつ楽しさ**[B]について、「ニュースで、外国人の観光客が、『忍者が好き』と言っていて嬉しかった。私はピラミッドの本を読んでいるので、本物が見てみたいです」と語りました。

言い換え表現

A **クラスの話し合いを深めました** ➡ 相手を思いやる気持ちの大切さを考えるきっかけをつくりました

B **世界の国々に関心をもつ楽しさ** ➡ 世界の文化に目を向ける楽しさ

エピソード❽ 友だちとのかかわりがよくできる子 Type 08

話し合いのとき、友だちの考えを大切に受け止めて、さらに自分の考えを語る姿が見られた。

POINT

中学年の子どもは、友だちとの考えの違いに興味をもつようになります。友だちの話をよく聞いて考える姿を認めます。本人や学級に、こうした姿勢が「素晴らしいことだ」と伝えることは、道徳科における大切な指導・評価になります。

文例① 友情について考えました。「友だちだから助けたい」という発言を聞いて「○○さんの考えと似ているのですが、友だちの気持ちがわかるから助けたいのだと思います」と述べ、**さらに話し合いを深めました**[A]。

文例② 互いに理解し合うことについて考えました。「意見の合う人と仲よくしたくなる」という友だちの発言を聞いて、「意見が違ってけんかになっても、好きなところがあるから、また仲よくできるのだと思いました」と**自分の体験をもとにさらなる考えを述べました**[B]。

文例③ 生命の尊さについて考えました。友だちの「カエルに石を投げるのはひどい」というつぶやきを聞き、○○さんも、「私もひどいと思いました。でも、弱ったカエルの命を必死に守ったロバに感動しました」と話しました。一生懸命に生きている命を大切にする姿に心を打たれたことを語り、**話し合いを深めました**[C]。

言い換え表現

A **さらに話し合いを深めました** ➡ 友だちの気持ちを察する大切さを述べました

B **自分の体験をもとにさらなる考えを述べました** ➡ 意見の違いで友だち関係が壊れるわけではないことを語りました

C **話し合いを深めました** ➡ 話し合いのきっかけをつくりました

エピソード⑨　さまざまな場面でよさを発揮する子

Type 09

話し合ったことをもとに自分自身を振り返る場面では、さまざまな体験を思い起こして、その価値を見つめる姿を見せた。

POINT
学習は苦手でも、日常生活のさまざまな体験を通して、多くのことを学んでいる子どもがいます。このような旺盛な生活力をもつ子どもたちのよさを認め、授業を深めることに生かします。

文例① 感謝する気持ちについて考えました。「サッカーの練習のとき、コーチがぼくを叱ったり褒めたりしてくれます。ありがとうと伝えたいです」と自分自身の気持ちを**振り返っていました**[A]。

文例② 家族について考えました。「おばあちゃんは、忙しいお母さんの代わりにご飯をつくってくれたり、一緒に買い物に行ってくれたりします。だから肩をもんであげようと思います」と、家族の愛情に気づき、**自分にできることを考えていました**[B]。

言い換え表現

A 振り返っていました ➡ 見つめていました／思い返していました

B 自分にできることを考えていました ➡ その気持ちに応えようと考えていました

エピソード⑩　人望がある子

Type 10

話し合いの場面で手を挙げて自分の考えを発表することはないが、ワークシートには、その思いをたくさん書いている。

POINT
他者への思いやりがあり、縁の下でクラスを支えている子どものよさに着目します。目立たないからこそ、そのよさに光を当てます。

文例① 善悪の判断の大切さについて考えました。○○さんは、「誰かにだめだよって言うのは、命令しているのではなくて、その子が後で困らないように言っている」とワークシートに書きました。**善悪の判断には相手を大切に思う気持ちがあること**[A]について、考えていました。

文例② 公正・公平であることについて考える授業では、「仲のよい友だちには票を入れてあげたいけど、それは本当の友だちではない。投票では、誰かを特別扱いしないことが大事だと思う」と、**公平であることの難しさや大切さ**[B]を考え、ワークシートに書きました。

言い換え表現

A **善悪の判断には相手を大切に思う気持ちがあること** ➡ 間違った判断を正すことの意味

B **公平であることの難しさや大切さ** ➡ どうしたら公正な判断ができるか／公平な立場でいるためには、どうすればいいのか

エピソード⑪ 特別な支援で力を発揮できる子 Type 11

教材に入り込みやすい手立てを講じたら、自分の思いを積極的に発表しようとした。子どものつぶやきが、話し合いを深めるきっかけとなった。

POINT
自分が同じ立場や状況に置かれたらどうするかを考えている姿を評価します。集中力が続かないことがあっても、一瞬でも発揮したよさを見逃さず、伝えます。

文例① 正直であることについて考える授業では、「嘘はいけません」と、発言しました。理由を尋ねると「嘘をつくと、お母さんが悲しむから」と、嘘は自分だけでなく、**まわりの人の気持ちも暗くする**[A]ことについて考えを述べました。

文例② 規則について考える教材を読んだ後、「順番ぬかしは、だめ」とつぶやきました。理由を聞くと「うしろの人が怒る。そういうこと、あったよ」と、自分の体験をもとに**規則を守る大切さ**[B]を考えていました。

言い換え表現

A **まわりの人の気持ちも暗くする** ➡ みんながよくない気持ちになる／まわりにいる人の気持ちにも影響を与える

B **規則を守る大切さを** ➡ どうして規則が必要なのか、その理由

学習 国語 社会 算数 理科 音楽 図画工作 体育 道徳 外国語活動 総合的な学習の時間 その他

エピソード⑫　所見を書きにくい子

Type 12

話し合い活動中は発言せず、ワークシートにも記述はなかった。しかし、友だちの方に体を向け、その意見をうなずきながら聞いていた。

● POINT

表現することが苦手な子どもには、授業後、みんなとは別に声をかけるなど工夫をすると、考えを引き出すことができます。友だちの発言に対する表情やうなずきなどの様子も大切な学習状況と考え、評価につなげましょう。

文例①　礼儀について考えました。友だちが「あいさつはしたいけど、恥ずかしくて難しかったんだと思う」と発言すると、うなずいていました。あいさつができた嬉しさを発表した友だちにも、大きくうなずいていました。**同じ気持ちである**[A]ことが伝わってきました。

文例②　努力について考える学習で、努力をやめたくなる弱い気持ちや、できたときの嬉しさを話し合いました。授業後、○○さんにその経験を尋ねると、「2年生のときのかけ算九九は、毎日練習したよ」と**頑張って合格した嬉しさ**[B]を振り返っていました。

文例③　社会のルールについて考える学習で、誰かがルールを守らないと、まわりの人は嫌な気持ちになることについて話し合いました。友だちが「人が守らないと怒るけど、自分では結構ルールを破ってしまいます。自分には甘いところがあります」と発言しました。すると、○○さんは「わかる」と少し笑いながらつぶやき、何度もうなずいていました。問題を自分のこととして一緒に**考えていることが伝わってきました**[C]。

言い換え表現

A 同じ気持ちである ➡ 自分のこととして考えている

B 頑張って合格した嬉しさ ➡ 努力が実った経験／やり遂げた体験

C 考えていることが伝わってきました ➡ 考える姿が印象的でした

Subject

外国語活動

外国語の文字や音に親しみ、考えや気持ちを伝える姿を見取ろう

エピソード❶ こつこつ頑張る子 Type 01

新出の表現について、まわりの友だちの様子を観察したり、教師に意味を尋ねたりして活動の内容を把握し、取り組むことができた。

POINT

新しく習う表現などの意味がわからなくても、英語を理解しようと集中して取り組むことができていることを認め、評価します。理解するまでの過程に個性や長所などを見つけることができます。

文例① 「アルファベットとなかよし」の学習では、アルファベットの大文字と小文字を使い、4線を意識しながら自分の名前を丁寧に書くことができました。形を意識して何度も書き直す**姿から真剣さが伝わってきます**[A]。 **観点 1・書く**

文例② 「Who are you?」の学習では、短いお話をくり返し聞き、大まかな内容を捉え、次の展開を予想することができました。また、十二支の動物の名前カードを素早く順番に並べるなど、**見通しをもって活動に取り組む姿に成長を感じます**[B]。 **観点 2・聞く**

文例③ 「How many?」の学習では、身のまわりの物の英語表現を聞き、紙面の絵に指定された物が自分の近くにいくつあるか、楽しそうに探していました。友だちよりも先にかぞえられたときの嬉しそうな表情から、**英語表現に慣れ親しんでいる様子が感じられます**[C]。 **観点 1・聞く**

言い換え表現

A 姿から真剣さが伝わってきます ➡ 様子に感心しています／真面目さは、これからも大切にしたい長所です

B 見通しをもって活動に取り組む姿に成長を感じます ➡ 集中して取り組む姿が素敵です

C 英語表現に慣れ親しんでいる様子が感じられます ➡ 「わかる」ことの楽しさを感じていることが伺えます／「次も見つけるぞ！」という意欲が感じられます

観点1…知識・理解／観点2…思考・判断・表現／観点3…主体的に学習に取り組む態度

エピソード❷　一芸に秀でた子

Type 02

新しい単元の導入時、テーマに関係するものの英語表現について理解しており、進んで発言して学習をリードしていた。

POINT
中学年では、知っている英語の単語量が多い児童が出てきます。「言える・わかる」という思いが自信となり、より学びたいと思う意欲につながっていることを評価します。

文例①　「What do you like?」の学習では、“What ○○ do you like?”の表現を使い、友だちの好きな食べ物や色、スポーツなどについて尋ね合う活動に、進んで取り組むことができました。**知っている語彙の多さに驚かされます**[A]。 **観点 2・話す**

文例②　「今、何時？」の学習では、提示された時刻が何時何分なのかを進んで答えることができました。ちょうどを表す“O’clock”や60までの数字をしっかり覚えており、**正確に言うことができて素晴らしいです**[B]。 **観点 2・話す**

文例③　「Alphabet」の学習では、AからZまでを逆に早く読んだり、小文字を4線上に丁寧に書いたりすることができました。また、自分の名前を相手に伝えるときに指文字に表して伝えるなど、**文字に対する理解がしっかりできています**[C]。 **観点 1・書く**

言い換え表現

A 知っている語彙の多さに驚かされます ➡ 既習の言葉以外も多くの言葉を知っているので、いつも学習をリードしてくれています／自信ある表情で取り組む様子から、意欲の高まりを感じます／豊富な知識を生かし、友だちの学習をリードしています

B 正確に言うことができて素晴らしいです ➡ 堂々と答える姿が素敵でした／正しい時刻を相手に伝えることができます／知っている単語を、自信をもって発言につなげていました

C 文字に対する理解がしっかりできています ➡ 文字の形や音に慣れ親しんでいる様子が見られます／文字の形を認識することに長けており、学習をリードしていました

エピソード③ 知識が豊富な子 Type 03

身のまわりにあるものや自分の考え、気持ちなどについて、進んで相手に伝えようとしていた。

● POINT
習い事や家庭学習をしていて、身のまわりにあるものなどの英語単語をたくさん知っている児童がいます。「わかる」ことが自信につながっていることを見取り、評価します。

文例① 「何月生まれ？」の学習では、“It’s in ○○.” と自分の生まれた月を答えることができました。12か月の英語での言い方をしっかり把握しているので、ミッシングゲームでは、前に貼られていない月の名前について、**すぐに答えることができました**[A]。 観点 1・話す

文例② 「What’s this?」の学習では、先生の出す3ヒントクイズに対して、自分の考えを進んで発表したり、自分で考えたクイズを友だちと出し合ったりすることができました。笑顔で取り組む姿から、**英語で伝えあう楽しさを感じていることが伝わってきました**[B]。 観点 3・話す

文例③ 「見たいスポーツ」の学習では、自分が見たい競技について、“Because, I like ～.” と理由をつけて相手に詳しく伝えることができました。競技名の英語をたくさん知っており、**その語彙の多さに驚かされます**[C]。 観点 2・話す

言い換え表現

A すぐに答えることができました ➡ 自信をもって答える姿に感心しました／すぐに英語で言うことができました

B 英語で伝えあう楽しさを感じていることが伝わってきました ➡ 英語への関心の高まりを感じます／英語で話すことに自信をもって取り組んでいる様子がうかがえました

C その語彙の多さに驚かされます ➡ 自信をもって発表することができました／学習をリードすることができました

観点1…知識・理解／観点2…思考・判断・表現／観点3…主体的に学習に取り組む態度

エピソード❹　発想が豊かな子

Type 04

自分の考えや気持ちなどについて、ジェスチャーをしながら相手に伝えたり、伝えたいことの英語がわからないときには質問して確認したりしていた。

● POINT

自分の思いや考えについて既習事項を活用して表現する姿や、他の単語や表現方法へ興味をもつ様子など、学習意欲の高まりを認め、伝えます。

文例 ①　「あいさつをしよう」の学習では、さまざまな国の言語であいさつをしたり、“How are you?” の質問に対し、表情豊かに答えたりすることができました。デジタル資料で見た世界の子どものジェスチャーを率先して真似るなど、**チャレンジ精神が旺盛な様子が見られます**[A]。

観点 2・話す

文例 ②　「What do you like?」の学習では、“I like ～.” の表現を用いて、自分の好きな果物や色、スポーツについて答えることができました。相手が聞き取れていないときにはジェスチャーを織り交ぜるなど、**どうしたら相手に伝わりやすくなるか考えて工夫することができました**[B]。

観点 2・話す

文例 ③　「Let’s play cards.」の学習では、自分がやりたい遊びについて、友だちと進んで話し合うことができました。遊びの英語表現を忘れてしまったときには、ALT の先生にジェスチャーで言い方を確認するなど、解決法を考える様子に、**成長を感じます**[C]。 **観点 3・話す**

言い換え表現

A **チャレンジ精神が旺盛な様子が見られます** ➡ 自分の思いを表現することに長けています

B **どうしたら相手に伝わりやすくなるか考えて工夫することができました** ➡ 他者意識が育ってきています

C **成長を感じます** ➡ 意欲の高まりを感じます

エピソード❺ まわりのために動ける子 Type 05

ペアやグループ活動の際に、英語がわからなかったり、活動内容を理解できなかったりした友だちにアドバイスをしていた。

● POINT
活動の中で困っている友だちに対して、ヒントを出したり具体的なアドバイスをしたりしようとする様子を見取ります。活動のポイントを理解していることを表します。

文例① 「Alphabet」の学習では、アルファベットカードをAからZやZからAなど、指定された並べ方に素早く並べることができました。また、悩んでいる友だちに文字の色などでヒントを出し、**教えてあげる姿が頼もしかったです**。[A] 観点3・読む

文例② 「What do you want?」の学習では、店員とお客さんに分かれて自分が欲しいものを伝えたり、困っている友だちのそばに行き、「一緒に言おう」と優しくフォローしたりする**姿が印象的でした**。[B]
観点3・話す

文例③ 「これなあに？」の学習では、"What this?"の表現に慣れ、自分で考えた3ヒントクイズを友だちと出し合うことができました。友だちが答えに悩んでいると、ジェスチャーを入れたり、頭文字を伝えたり、相手に合わせたヒントを**出す姿に成長が見られました**。[C] 観点3・話す

言い換え表現

A 教えてあげる姿が頼もしかったです ➡ 教えている様子から、文字をしっかり認識している様子が見られます／相手に合わせたアドバイス方法を選択していたことに感心しました

B 姿が印象的でした ➡ ことができるので、頼りになります／様子が信頼を集めています／ことができました。これからも大切にしたい長所のひとつです／〇〇さんの力に助けられました

C 出す姿に成長が見られました ➡ 工夫する様子に思いやりを感じます／出すなど、進んで活動に取り組もうとする意欲の高まりを感じます／出して助けようとする姿勢が頼もしいです

観点1…知識・理解／観点2…思考・判断・表現／観点3…主体的に学習に取り組む態度

エピソード6　クラスをまとめる子

Type 06

みんなのお手本となるように学習の約束をしっかり守り、進んで活動に取り組んでいた。

POINT

学級全体の様子を感じ取る力に優れ、自分から進んで取り組もうとする意欲を認めます。規範意識の高まりを見取り、集団の中でしか見られない活躍を伝えます。

文例①　「What do you want?」の学習では、食材を集め、できたオリジナルパフェについて、友だちに理由を説明することができました。発表のお手本モデルに立候補して挑戦するなど、**意欲的に活動に取り組んでいました**[A]。**観点 3・話す**

文例②　「This is my favorite place.」の学習では、自分が気に入っている校内の場所について "My favorite place is the music room. I like singing." と理由を交え、みんなの前で**堂々と**[B]スピーチすることができました。**観点 2・話す**

文例③　「What time is it?」の学習では、友だちとお気に入りの時間を紹介し合い、その理由についても進んで尋ねたり答えたりすることができました。みんなの前で大きなジェスチャーを取り入れながら行った発表は、**よいお手本になりました**[C]。**観点 3・発表**

言い換え表現

A 意欲的に活動に取り組んでいました ➡ 自主性の高まりが見られます／堂々と発表する姿が素敵でした／積極的な○○さんの姿は、みんなのいいお手本になりました

B 堂々と ➡ はっきりとした声で／目線を配りながら／自信をもって／身振り手振りを交えながら

C よいお手本になりました ➡ 堂々としていて立派でした／見ていた友だちを和ませ、クラスのよい雰囲気づくりにつながりました／学習の場を明るくし、友だちが発表しやすい空気をつくりました

エピソード7　積極的に自己表現できる子　Type 07

自分から立候補して、みんなの前で発表をしたり、活動のお手本を見せたりすることができた。

POINT
英語で自分の考えを表すことに慣れ、少しずつ自主性が高まっていることを評価します。みんなの前で緊張せずに発表ができるのは、自信の表れであることも見取ります。

文例① 「I like blue.」の学習では、小グループのShow and Tellで、自分の好きな色や食べ物、スポーツ、嫌いな物などについて紹介したり、"Do you like ～?"の既習表現を使って質問したりするなど、**自分の考えを工夫して相手に伝えることができました**[A]。**観点 2・発表**

文例② 「見たいスポーツ」の学習では、オリンピックの競技について、ジェスチャーをしながら"I want to watch ～."と相手に伝えることができました。話しているときの笑顔から、**本当に見たいと思っている気持ちが伝わってきました**[B]。**観点 2・発表**

文例③ 「This is my favorite place.」の学習では、自分から立候補して、友だちと一緒に自分が気に入っている校内の場所について発表することができました。お気に入りの理由を伝える際、"Do you like ～?"と友だちがどう思うかについても積極的に聞き、**みんなのよいお手本になりました**[C]。**観点 3・発表**

言い換え表現

A **自分の考えを工夫して相手に伝えることができました** ➡ 友だちの思いや考えを聞こうとする姿が見られました／みんなのお手本として堂々と発表することができました

B **本当に見たいと思っている気持ちが伝わってきました** ➡ 英語でのやり取りを楽しみながら活動できている様子が見られます／まわりにも活動の楽しさが伝わり、よい影響を与えてくれました

C **みんなのよいお手本になりました** ➡ 既習表現を上手に活用して取り組む姿に感心しました／自分の知っていることを工夫して取り入れながら活動に臨む姿が素敵です

エピソード❽　友だちとのかかわりがよくできる子

Type 08

相手の目をしっかり見ながらやり取りをして、自分から進んで英語で聞いたり、ジェスチャーを入れながら答えたりしようとしていた。

POINT

英語を通して、相手のことを理解しようとする意欲の高まりを評価します。また、自分のことを相手に知ってもらうために表現を工夫する様子についても見取ります。

文例①　「What do you like?」の学習では、相手の好きな色について聞いた際、“Oh, you like ～.” とくり返したり、反応を示したりすることができました。また、相手の目をしっかりと見ながら “Do you like ～?” と**質問する**[A]ことができました。**観点 2・聞く**

文例②　「見たいスポーツ」の学習では、相手がどんなスポーツを見たいのか聞くことができました。やり取りの際にジェスチャーを入れると相手に伝わりやすくなることを理解し、**進んで活動に取り組んでいました**[B]。

観点 2・話す

文例③　「This is my favorite place.」の学習では、自分のお気に入りの場所まで “Go straight.” や “Turn light.” などの表現を使い、友だちを案内することができました。自分の考えが伝わる楽しさを学び、**英語でのやり取りに対する意欲の高まりが見られました**[C]。**観点 3・話す**

言い換え表現

A 質問する ➡ 尋ねる／お互いに質問し合う／質問し、たくさんやり取りする／質問を投げかけ、積極的にコミュニケーションをする／相手に興味をもって問いかけ、会話につなげる

B 進んで活動に取り組んでいました ➡ 友だちと英語での会話を楽しんでいました／たくさんの友だちに自分から声をかけていました／身振り手振りを工夫しながら友だちと会話していました

C 英語でのやり取りに対する意欲の高まりが見られました ➡ 次のめあてにつなげることができました／よりわかりやすく伝えるための工夫を考えていました

エピソード 9　さまざまな場面でよさを発揮する子　Type 09

学習したことを日常で実践し、生活の中の英語活用場面から英語学習に対する意欲を高めていた。

POINT
学習したことを教室の外でも活用する姿や、日常の経験からより学習意欲を高める様子など、日ごろの経験や学習前後の変容を評価します。

文例 ① 「あいさつをしよう」の学習では、さまざまな国の国旗を見て英語で国名を答えたり、その国の言語であいさつしたりすることができました。廊下ですれ違うときにも、外国語であいさつをしている様子から、世界の言語に対する**好奇心の高まりを感じます**[A]。 **観点 3・話す**

文例 ② 「今、何時？」の学習では、“1 O’clock.” や “2 O’clock.” などの時刻を表す英語表現に慣れ、提示された時刻が何時なのかを答えることができました。ふとした時に英語で時間を聞いたり、時間を言ったりするなど、英語で話し、答えることに**おもしろさを感じ始めているようです**[B]。 **観点 2・話す**

文例 ③ 「Alphabet」の学習では、身のまわりに活字体で書かれたものがたくさんあることに気づくことができました。教室の中や家の中などでアルファベットを見つけると、**嬉しそうに報告してくれるようになりました**[C]。 **観点 1・読む**

言い換え表現

A 好奇心の高まりを感じます ➡ 関心が強くなっていることがうかがえます／興味の高まりが見られます

B おもしろさを感じ始めているようです ➡ 慣れ、楽しそうに教えてくれます／楽しさを覚え、その他の活動にも進んで取り組むようになりました／新鮮さを感じ、日常生活の中のふとした瞬間にも積極的に取り入れるようになりました

C 嬉しそうに報告してくれるようになりました ➡ 友だちにも教えて共有する姿が見られました／ほかにもないかと関心をもって探し、どんどん見つけていました／26文字をすべて揃えようと意欲的に探していたのが印象的でした

観点 1…知識・理解／観点 2…思考・判断・表現／観点 3…主体的に学習に取り組む態度

エピソード⑩ 人望がある子 Type 10

英語での質問に対し、進んで答えようとしていた。また、うまく答えられない友だちに優しく声かけをしていた。

● POINT

普段から頑張っている姿が友だちからも認められ、まわりのよいお手本になっている姿を見取ります。チャレンジする意欲や友だちを大切にする思いについても伝えましょう。

文例 ① 「I like blue.」の学習では、小グループのShow and Tellで、友だちからの“Do you like ～?”の質問に進んで答えることができました。友だちが困っているときは“I like ～. How about you?”など、**お手本を見せてから**[A]質問をすることができました。**観点 2・話す**

文例 ② 「What do you want?」では、“I want ～, please.”の表現を使っていろいろな食材を集め、できたオリジナルピザについて、友だちに“I like ～.”などの理由を説明しながら交流することができました。友だちが困っているときには、その英単語を発話して**教えてあげる**[B]ことができました。**観点 2・話す**

文例 ③ 「What time is it?」の学習では、時刻の英語での言い方に慣れ、発話された時刻に模型の時計の針を素早く合わせることができました。時間を理解できていない友だちには、ハンドサインを使ってヒントを教えるなどしており、**その優しさはこれからも大切にしたい長所です**[C]。

観点 1・聞く

言い換え 表現

A お手本を見せてから ➡ 相手が答えやすいように／相手に合わせて工夫した／答えやすいように例を示しながら／自分の答えをわかりやすい英語で伝えてから

B 教えてあげる ➡ アドバイスする／お手本を見せる／手助けする／さりげなくサポートする

C その優しさはこれからも大切にしたい長所です ➡ 優しい一面を垣間見ることができました／工夫してやりとりをしようとする〇〇さんの姿に成長を感じました

エピソード⑪ 特別な支援で力を発揮できる子 Type 11

初めは英語の発音と日本語の意味について理解することができなかったが、練習をくり返してできるようになってきた。

● POINT
英語の意味を理解することが苦手で学習に進んで取り組めなかった児童が、日本語と英語を結び付けて考えることができるようになったことを見取り、評価します。

文例① 「何月生まれ？」の学習では、12か月の英語での言い方に慣れ、歌に合わせて自分の誕生月で立ち上がったり、“It's in ○○.”と自分の生まれた月を答えたりすることができるようになりました。**できることが増えた嬉しさが表情に出ていました**[A]。**観点 1・話す**

文例② 「今、何時？」の学習では、“1 O'clock.”などの時刻を表す英語表現を、チャンツのリズムに合わせてくり返し練習しました。発話された時刻を聞き取り、模型の時計をその時刻に合わせることができるようになり、**練習の成果を感じました**[B]。**観点 2・聞く**

文例③ 「Do you have a pen?」の学習では、絵カードを指差しながら、チャンツのリズムに合わせてくり返し言うことで単語の表現に慣れました。**発話された文房具のカードを的確に見つける**[C]ことができるようになりました。**観点 2・聞く・話す**

言い換え表現

A できることが増えた嬉しさが表情に出ていました ➡ 活動に進んで取り組む姿に成長を感じました／くり返し練習した成果が実を結んでいます／自信をもって発言する様子に感心させられました

B 練習の成果を感じました ➡ 短い時間での成長が見られました／できるまで何度も取り組もうとする粘り強さが育ってきています／学習の成果に自信をもっている様子が見られました

C 発話された文房具のカードを的確に見つける ➡ 自分の持っている文房具を英語で言う／友だちの持っている文房具について聞き取る／文房具を表す英単語を積極的に使う

観点 1…知識・理解／観点 2…思考・判断・表現／観点 3…主体的に学習に取り組む態度

学習
国語
社会
算数
理科
音楽
図画工作
体育
道徳
外国語活動
総合的な学習の時間
その他

エピソード⑫　所見を書きにくい子　Type 12

日本語と英語の音の違いや英語表現のリズムを楽しみながら、活動に取り組んでいた。

POINT

集中が散漫しているときでも、英語特有のリズムを無意識に口ずさんでいる姿や、英語の音に慣れる活動で楽しんでいる様子を捉え、評価します。

文例①「Alphabet」の学習では、絵の中に隠れているアルファベットを見つける活動に楽しそうに取り組んでいました。英語の文字に対して**関心の高まりを感じます**[A]。**観点 2・読む**

文例②「何月生まれ？」の学習では、12か月の英語の表現に慣れ、歌をうたったり、自分の誕生月が聞こえたら立ち上がったりする活動に笑顔で取り組んでいました。**英語に親しみを感じ始めている様子が見られます**[B]。**観点 3・聞く**

文例③「Do you have a pen?」の学習では、文房具の単語に慣れ、聞こえた音声の文房具の絵を指差すことができました。身のまわりのものの単語に慣れ、**英語を聞き取る力が伸びています**[C]。**観点 1・聞く**

言い換え表現

A 関心の高まりを感じます ➡ 興味が少しずつ湧いてきているようです／好奇心をもっており、身のまわりにあるアルファベットを次々に見つけていました／興味をもっており、形の特徴を捉えるなど、気づいたことを発表することができました

B 英語に親しみを感じ始めている様子が見られます ➡ 今後のさらなる成長に期待が高まります／楽しみながら英語のリズムに親しむことができるようになりました／英語を使うことを楽しみ、活動に積極的に参加する様子が見られました

C 英語を聞き取る力が伸びています ➡ 英語の発音を徐々に理解できるようになっています／自分の持っている文房具を英語で表現する様子も見られました／発話される英語をしっかりと聞き取ろうとしている姿に成長を感じます

総合的な学習の時間

Subject

活動への積極性やグループをまとめる様子を見取ろう

エピソード❶ 知識が豊富な子 Type 03

パソコンを活用してカードをつくったり発表したりすることができる。

POINT
パソコンを使った名刺やカードづくりなどで、独創的な作品づくりができたことを伝えます。

文例① パソコンを活用して、名刺やカードをつくった際に、写真や絵を取り入れ、オリジナリティあふれる作品をつくりました。キーボード操作も巧みで、**しっかり自分のものにしています**[A]。観点1

文例② 興味をもってパソコンのいろいろな機能を試すので、自ずと操作を覚えるようです。多彩な色づかいの自己紹介のカードは、**注目の的でした**[B]。観点1

言い換え表現

A **しっかり自分のものにしています** ➡ 文章を正確に打つことができます／自分の力を発揮しています

B **注目の的でした** ➡ 拍手喝采となりました

エピソード❷ クラスをまとめる子 Type 06

グループで調べ学習や発表をする際に、中心となって計画を考え、準備を進めることができた。

POINT
グループでの活動では、誰がそのグループを引っ張りまとめているのか、活動の様子をよく観察し、記録しておきます。グループ作業のときに、そのようなリーダー性は顕著に表れます。

文例① 「ふしぎ！ 発見！ 大豆パワー」の学習では、大豆のでき方について、グループで調べ学習を行いました。グループ新聞を作成する際には、○○くんが中心となって、手際よく役割分担し、**協力して仕上げること**[A]ができました。観点3

文例② 大豆の栄養について調べた活動では、大豆が「畑の肉」と呼ばれるほどタンパク質が豊富なことを知り、発表することができました。**自分たちが調べた内容を全校のみんなにも紹介しようと提案し、クラスの中心となって計画を立てて進めることができました**[B]。観点3

言い換え表現

A 協力して仕上げること ➡ みんなで完成させること／ひとつにまとめること
B 自分たちが調べた内容を全校のみんなにも紹介しようと提案し、クラスの中心となって計画を立てて進めることができました ➡ 自分たちで調べたことを学校のみんなに見てもらえるよう新聞づくりを提案し、みんなの先頭に立って取り組むことができました

エピソード③ 友だちとのかかわりがよくできる子

Type 08

友だちの意見を自分の考えに取り入れて、広げたり深めたりできた。友だちとともに高め合おうとする姿が見られた。

POINT
友だちとのかかわりとは、「仲よくする」「協力する」など行動面だけを表すものではありません。友だちの意見を聞き、自分の考えを広げたり深めたりする「考え方のかかわり」にも注目します。

文例① リサイクルについての話し合いでは、自分と違う意見にもしっかりと耳を傾け、自分の考えをさらに深めることができました。友だちと互いに**高め合おうとする態度**[A]が身につきました。観点2

文例② 環境問題をテーマにして、リサイクルについての話し合いを重ねました。自分の意見を発表するだけでなく、友だちの考えをメモしながら、自分の考えを広げました。友だちと一緒になって、**課題を解決しようとする態度**[B]が育っています。観点2

言い換え表現

A 高め合おうとする態度 ➡ 成長しようとする態度
B 課題を解決しようとする態度 ➡ 課題と向き合う態度

Subject

その他

子どもの努力を見逃さず、さらなる成長につなげよう

エピソード① 課題

こつこつ頑張る子 Type 01

与えられた課題だけでなく、自分にできることを見つけて取り組むことで、理解を確かなものにした。

POINT

自分なりの学習スタイルを確立することは、今後、高学年、中学校、高校の学習でも必ず役立ちます。そのことをはっきりと伝えると、より主体的な学習姿勢を期待できます。

文例① 漢字学習では、与えられた課題に取り組むだけでなく、ノートの空いたスペースを使って何度も練習をくり返すなど、**向上心が感じられました**[A]。観点1

文例② 課題に対して自分なりの学習スタイルを確立し、理解を確かなものにしました。小学校で培ったものは、今後必ず○○**さんの力となります**[B]。観点1

言い換え表現

A **向上心が感じられました** ➡ 自主性が育っています

B **○○さんの力となります** ➡ ○○さんの成長につながります

エピソード② 課題

特別な支援で力を発揮できる子

「ここまでは終わらせよう」と、その子なりのゴールを示したことで、無理なく課題を進めることができるようになった。

POINT

学習における今と成長した部分を知らせます。子どもの変容からどのような力が身についてきたのかなどを担任の言葉で伝えると、保護者にもわかりやすい所見となります。

文例① 自ら進んで課題に取り組もうとする姿勢が育っています。また、与えられた課題に対しては、**自分で決めたゴールまできちんと終わらせること**[A]ができるようになりました。

観点1…知識・理解／観点2…思考・判断・表現／観点3…主体的に学習に取り組む態度

文例② 宿題への取り組み方や授業中のノートの取り方が、目に見えてよくなりました。「自分を変えていこう」とする**自立心が育ってきたことがわかります**[B]。

文例③ 宿題やノートを見ると、丁寧に文字が書かれていました。ゆっくりですが、**意欲的に学習に取り組む姿勢**[C]が身についています。

文例④ しっかりとした丁寧な文字でノートを書くことができ、落ち着いて勉強している様子がわかります。1ます空けるところは空け、行からはみ出すことなく書かれた文字から、○○さんの**丁寧な取り組みが伝わります**[D]。 観点1

言い換え表現

A 自分で決めたゴールまできちんと終わらせること ➡ どんなときでも諦めずに最後までやり遂げようとすること

B 自立心が育ってきたことがわかります ➡ 内面の成長が見て取れます

C 意欲的に学習に取り組む姿勢 ➡ 途中で投げ出すことなく一生懸命学習に取り組む姿勢

D 丁寧な取り組みが伝わります ➡ 学習への高い意欲が感じられます

エピソード③ 課題

所見を書きにくい子 Type 12

空き時間を利用して、自分の力でなんとか宿題をすべて終えることができた。

POINT

終わらせられたこと、進んで取り組んだことを評価し、本人の達成感となるようにします。「課題は指導していきます」と書くことで、克服に向けてともに頑張りましょうというメッセージにもなります。

文例① **朝の時間や休み時間などの空き時間を見つけて**[A]宿題に取り組み、確実に終わらせることができました。終わらせようと粘り強く取り組む姿勢が立派でした。

文例② 宿題への取り組みが前向きになり、「あと、どこを終わらせれば大丈夫ですか？」と尋ねながら、空き時間を使って終わらせることができました。そのような立派な努力を、今度は提出する習慣に**結びつけられるよう指導していきます**[B]。

文例③ 休み時間に進んで宿題に取り組み、**最後まで終わらせる**[C]ことができました。嬉しそうに「できた！」という姿からは、達成感が伝わってきました。

言い換え表現

A 朝の時間や休み時間などの空き時間を見つけて ➡ ちょっとした時間に
B 結びつけられるよう指導していきます ➡ 結びつけることをめざしていきましょう
C 最後まで終わらせる ➡ 自分の力で最後までやりぬく

エピソード④ テスト

所見を書きにくい子 Type 12

テストの点数を気にしていて、自分の成績に自信をなくしがちである。

POINT
テストや通知表では測れないような、小さな頑張りを認めます。けっして今の自分の力は劣っていないということを伝え、自信をもたせます。

文例① テストに向けて自分なりの目標を立て、それに向かって努力することができました。結果だけでなく、**努力の過程を認めて**[A]、やる気につなげていこうと思います。

文例② 漢字のテストでは、字形に注意しながら一つひとつ丁寧に書こうとする姿が見られました。**点数だけでは測れない○○さんのよさ**[B]を認めていきたいと思っています。

文例③ 計算テストでは、丁寧に筆算を書き、答えを出そうとする努力が見られました。**こつこつと頑張りを積み重ねる**[C]ことができるのは、○○さんの長所です。

言い換え表現

A 努力の過程を認めて ➡ 積み重ねの大切さを伝え
B 点数だけでは測れない○○さんのよさ ➡ 成績からは見えにくい○○さんの長所／○○さんの美点
C こつこつと頑張りを積み重ねる ➡ 地道な努力を重ねる

Type 01 こつこつ頑張る子

目立たないけれど、課題はしっかりやる

エピソード❶ 給食　掃除

決められている当番や係以外の仕事を自ら見つけ、細かいところに気づいて行動することができた。

POINT

自分の仕事を終えたら他の仕事を探すなど、気づいたことを行動に移せるのは、まわりに目が向き地道に頑張ることができる子ならではの特長です。視野が広がってきていることを保護者に伝えます。

文例①　給食の準備が始まると、毎日のようにワゴンを率先して取りに行き、すぐに準備を始めます。自分だけでなく**まわりの友だちを巻き込みながら**[A]準備を進め、クラスのみんなが早く給食を食べることができるようにしました。

文例②　自分の掃除分担場所が終わり教室に戻ってくると、さり気なくちりとりを持って来てゴミを集めました。自分でできることは何かと考え、**細かいところにも目を向けて行動することができました**[B]。

言い換え表現

A まわりの友だちを巻き込みながら ➡ 友だちに声をかけて一緒に

B 細かいところにも目を向けて行動することができました ➡ 視野を広く持ち行動に移すことにできるようになりました

エピソード❷ 休み時間

めあてに向かって、自分なりの考えをもち、毎日努力して行動することができた。

POINT

学習だけでなく、休み時間の過ごし方にも個性が表れます。決められた時間やルールの中で、自分なりの楽しみ方を見つけ出すことができる子どもの姿を評価します。

文例① 休み時間は、自分なりに優先順位を考え、次の学習の準備をしたりトイレに行ったり、あまった時間で友だちと話したりするなど、**基本的な生活習慣**[A]が身についていることがよく伝わってきます。

文例② なわとび月間では、毎日チャイムが鳴るやいなや、元気に外へ出かけます。**自分のめざしている級**[B]に合格できるように、学校でも空いている時間を見つけ、**こつこつと努力する**[C]ことを怠りませんでした。

文例③ 休み時間になると、なわとびと検定カードを持って校庭へ駆け出しています。一つひとつの技を何度も練習し、どんどん検定に合格していきました。中級カードをすべて合格したときには、満面の笑みで「上級カードください」と言う姿を見せており、**努力したことによる達成感を味わうことができました**[D]。

言い換え表現

A **基本的な生活習慣** ➡ ルールを守る習慣／決まりを守る習慣／よいマナー

B **自分のめざしている級** ➡ 自分で決めた目標／自分で決めためあて

C **こつこつと努力する** ➡ 一生懸命に取り組む／継続して取り組む／努力を積み重ねる

D **努力したことによる達成感を味わうことができました** ➡ 努力の成果が表れていて、こつこつと頑張った努力が実を結びました

エピソード③ 掃除

教室のルールを理解し、自主的に掃除に取り組むことができる。

POINT
まわりに流されず、自分の仕事に責任感をもって取り組んでいることを評価します。

文例① 掃除の時間には、真っ先に準備を始めて最後まで一生懸命活動に取り組んでいます。**労を惜しまず黙々と仕事に取り組む姿勢**[A]に、**責任感を感じます**[B]。

文例② 掃除の時間には、**誰よりも一生懸命に**[C]掃除に取り組んでいます。汗をかきながら頑張る姿を見た友だちが、掃除カードの「今日いちばん掃除を頑張っていた人」の欄に○○さんの名前を記入していました。

文例③ 清掃活動では、教室のすみに隠れているゴミを小ぼうきで集めたり、床の落ちにくい汚れも一生懸命拭いたりしています。**自分の仕事に責任をもって最後まで取り組む姿勢**[D]が素晴らしいです。

言い換え表現

A 労を惜しまず黙々と仕事に取り組む姿勢 ➡ 自分が担当する場所を黙々と掃除する姿

B 責任感を感じます ➡ もう低学年ではないという自覚と成長を感じます

C 誰よりも一生懸命に ➡ 効率よく行動し、

D 自分の仕事に責任をもって最後まで取り組む姿勢 ➡ 自分の仕事の役割をしっかりと果たす態度

エピソード❹ 帰りの会

クラスをよくするために自ら進んで行動することができた。

POINT

誰に見られているわけでもないのに、クラスがよくなるために行動している姿を評価します。ひたむきな姿は、みんなによい影響を与えます。

文例① 帰りの会では、班のリーダーとして、クラスをよくするための提案をすることができました。**みんなが気持ちよく生活できるように**[A]積極的に考える姿勢が立派です。

文例② 週末の帰りの準備のときには、みんなが忘れ物をしないように体育着や白衣を配っています。毎週こつこつと人のために行動する○○さんの姿を見て、「よし、ぼくも手伝おう」と言う子が増え、**よい行動の輪が広がっています**[B]。

言い換え表現

A みんなが気持ちよく生活できるように ➡ 毎日の生活の中で困ったことがないように

B よい行動の輪が広がっています ➡ クラスによい影響を与えています／友だちによい影響をもたらしています

エピソード❺ あいさつ

校内で、いつでも誰にでも自分から進んで気持ちのよいあいさつをすることができ、まわりの模範となった。

● POINT
あいさつの重要なポイントである「自分から進んで、目を見て、はっきりと言うこと」がしっかりできていることを伝え、基本的なことを確実に行うよさを、子どもや保護者の方に感じてもらえるようにします。

文例① いつも相手の目を見て、はきはきとあいさつをしています。先生や友だちに対してはもちろん、下級生や来校者の方にも気持ちのよいあいさつをすることができます。**あいさつの輪が広がり**[A]、まわりの雰囲気をいつも明るくしてくれています。

文例② ○○さんは、いつもあいさつを欠かしません。あいさつ月間が終わっても、変わらず元気な明るいあいさつで、学校に活気を与えてくれています。**それが下級生のお手本となり**[B]、学校に元気なあいさつがあふれるようになりました。

文例③ 体育館、校庭などの授業の後は、必ず大きな声で「ありがとうございました」とあいさつをすることができます。**その元気な姿は下級生のお手本となって、学校中に広まっています**[C]。

言い換え表現

A あいさつの輪が広がり ➡ みんながあいさつするようになり

B それが下級生のお手本となり ➡ それをみんながまねをするようになり

C その元気な姿は下級生のお手本となって、学校中に広まっています
➡ 他の学年の児童も、○○さんのように元気にあいさつをしています

エピソード❻ 手伝い

みんなのために目立たないことでもこつこつと継続して行うことができた。

● POINT
誰もが嫌がる面倒な作業でも、進んで行うことができる姿勢を評価します。誰かがやらなければみんなが困ることに気づき、目立たなくてもみんなのためにこつこつと努力できることを伝えます。

文例①　休み時間には、音読カードや宿題のプリントを配る作業を進んで手伝ってくれました。普段から**まわりに気を配って**[A]お手伝いをする姿勢が育っています。

文例②　「掃除道具をきちんと片づけておくね」と、みんなのために整理整頓を行うことができました。**どんなにささいなことでもお手伝いしようとするやさしさ**[B]を感じ取ることができました。

言い換え表現

A まわりに気を配って ➡ まわりの動きをよく見て／視野を広くもって

B どんなにささいなことでもお手伝いしようとするやさしさ ➡ 自分ができることは積極的に手伝おうとする心配り

エピソード⑦ 生活態度

気持ちよく学校生活を送るために、基本的な生活習慣を身につけ、規則を守って行動することができた。

POINT

子どもたちにとっては、基本的な生活習慣を身につけるのは難しいことです。規則を守る、整理整頓をするなど基本的なことが身についている素晴らしさを伝えましょう。

文例①　階段や廊下の歩き方に気をつけて行動することができました。教室移動の際は話をせず整列し、休み時間も規則を守るなど、基本的な生活習慣が**身についており**[A]、**安全な学校生活**[B]を送ろうとする態度が素晴らしいです。

文例②　学級で決められている**日直や当番の仕事に、真面目にこつこつと取り組むことができます**[C]。みんなが学校生活を気持ちよく過ごせるように、という誠意が感じられます。

言い換え表現

A 身についており ➡ 定着しており

B 安全な学校生活 ➡ 居心地のよい学校生活／気持ちよい学校生活

C 日直や当番の仕事に、真面目にこつこつと取り組むことができます
➡ 日直や当番の仕事に取り組む習慣が身についています

Type 02 一芸に秀でた子

キラリと光る得意なことをもっている

エピソード① 給食

給食調理員さんに感謝の気持ちをもって、残さいを少なくするために毎日欠かさず給食をおかわりしていた。

POINT

給食の残さいを少なくすることで、毎日給食を準備してくださっている調理員さんに、少しでも感謝の気持ちを伝えようとしている子どもの心の動きを保護者に伝えます。

文例① 給食を残したことがないのはもちろんですが、毎日おかわりをして少しでも残さいを減らそうとしています。残さいを少なくすることで、調理員さんに**感謝の気持ちを伝えようとしていることがわかります**[A]。

文例② 給食の片づけ後は、その日の残さいの量をチェックしています。みんなの片づけ方がよくないと、帰りの会で「気をつけてください」と**注意する**[B]こともあり、調理員さんへの感謝の気持ちが伝わってきます。

言い換え表現

A **感謝の気持ちを伝えようとしていることがわかります** ➡ 感謝する心をもつことができました

B **注意する** ➡ 呼びかける

エピソード② 給食

配膳のときの盛り方やしゃもじの使い方などがうまい。

POINT

日頃から家庭で手伝っていることが、学校での生活に活かされていることを伝えます。どのような配膳を行っていたのか、より具体的に示すとよいでしょう。

文例① 給食当番時の配膳がとても上手です。ご飯のときは、すぐにしゃもじを水につけたり、ご飯とおかずの位置を考えてお皿を置いたりと、安心して当番を任せることができます。**いつもご家庭でお手伝いをしている様子がうかがえます**[A]。

文例② 給食当番では、ご飯やおかずなどの盛りつけがとても上手です。しゃもじを水につけておいたり、煮物が崩れないようにしながらよそったりする手つきがよく、日頃からご家庭でお手伝いをしていることが**よくわかります**[B]。

言い換え表現

A いつもご家庭でお手伝いをしている様子がうかがえます

➡ ご家庭でのお手伝いから、配膳の仕方や食事のマナーが自然と身についていることを感じます

B よくわかります ➡ よくわかり、安心して当番を任せることができます／その姿から伝わってきます

エピソード③ 休み時間

なわとびが得意で、休み時間になると校庭に出て黙々と練習している。

POINT

自分の技を高めるだけではなく、友だちの依頼に応じて跳び方を教えたり、回数をかぞえてあげたりしている姿を伝え、学校全体のなわとびのレベルアップに貢献していることを評価します。

文例① なわとび月間が始まり、なわとびカードが配布されるやいなや検定に挑戦し、**どんどん進めています**[A]。ひたむきに難しい技に取り組む姿は素晴らしいです。まわりの友だちも触発されて練習するので、全体のレベルアップにつながっています。

文例② なわとびの技をほとんどマスターし、**みんなのお手本となっています**[B]。休み時間にはいつも、いち早く校庭に出て、練習の輪の中心にいます。友だちに技を教え､跳んだ回数をかぞえるなどの活躍が見られます。

文例③ 休み時間になると、たくさんの友だちと一緒に校庭で楽しく遊んでいます。なわとびが得意な○○さんが連続で二重跳びを始めると、まわりに友だちが集まって**じっと見つめています**[C]。難しい連続技が成功してなわとびカードの級が上がったときには、拍手が起こりました。

言い換え表現

A どんどん進めています ➡ 意欲的に活動しています
B みんなのお手本となっています ➡ みんなから「なわとび先生」と呼ばれています
C じっと見つめています ➡ 「頑張れ！」と応援しています

エピソード❹ 休み時間

本や図鑑を研究して特徴をよくつかみ、飛行機や恐竜の絵を上手に描くことができた。

POINT
絵を描くことが好きで、とても上手なことを評価します。また、図書室に行って調べるなど研究熱心なこと、友だちも絵のうまさを認め、まわりからの反応がよいこともあわせて伝えます。

文例① 恐竜の絵を描いてよく見せてくれます。恐竜の生態について書かれている本は入学当初からずっと欠かさずチェックをし、特徴をよくつかんでいます。「○○さんって、**恐竜博士だね**[A]！」と友だちからも一目置かれる存在です。

文例② 休み時間にはよく、自由帳を片手に、友だちと絵を描いて過ごしています。その中には、飛行機の全体像、前面、側面の絵がぎっしりと描かれており、○○さんの**研究熱心さを感じます**[B]。航空会社ごとの違いについてもハキハキと答えるほどの物知りです。

文例③ ○○さんは絵がとても上手で、まわりの友だちからも「描いて、描いて！」と言われるほど、大変好評です。休み時間に描いていた自作のマンガは、**あまりの細やかなつくり**[C]の出来映えに**驚かされました**[D]。

言い換え表現

A 恐竜博士だね ➡ 恐竜のことをよく知っているね
B 研究熱心さを感じます ➡ 熱心に調べています
C あまりの細やかなつくり ➡ 細部までこだわりが詰まったつくり
D 驚かされました ➡ 大変感心しました

エピソード❺ 掃除

掃除が上手で、ほこりを残さず取り、教室の隅々まできれいにした。

● POINT

進んで教室の隅々まできれいにすることで、みんなが気持ちよく過ごせていることを伝えます。子どもの細かい気配りは、保護者の方にとっても嬉しい所見になります。

文例① 教室の隅から棚の奥まで、**心を込めてきれいに**[A]掃除しています。○○さんのおかげで、教室はいつも清々しい空気が流れています。

文例② ○○さんの掃除の腕前にはいつも感心しています。きれいになった床を見て、友だちも嬉しそうな表情を見せていました。**みんなのために主体的に取り組む姿勢**[B]が素晴らしいです。

言い換え表現

A **心を込めてきれいに** ➡ 丁寧に

B **みんなのために主体的に取り組む姿勢** ➡ クラスのために自分から動こうとする意志

エピソード❻ 手伝い

係などの仕事ではなくても、友だちや担任の手伝いを進んで行い、ボランティア活動に積極的に参加する。

● POINT

自分の係以外の仕事でも進んで手伝う積極性や、自分のことだけではなく、まわりの状況や他人のことを考えて行動できるやさしさを評価します。

文例① 「先生、何かやることはないですか」といつも話しかけてくれました。**お手伝いを頼むと、気持ちのよい笑顔で喜んでやっています**[A]。

文例② 「何かをするときには、言われてからではなく自分からしよう」とクラスで呼びかけていますが、いちばん実践しているのが、○○さんです。帰る前に教室の机をきれいに並べ替えたり、黒板をピカピカに掃除したりしています。**自分にできることを探して行動し、観察する力に長けていることを感じます**[B]。

言い換え表現

A **お手伝いを頼むと、気持ちのよい笑顔で喜んでやっています** ➡ ボランティアの手伝いを呼びかけると、いつも真っ先に飛んできて気持ちよく仕事をします

B **自分にできることを探して行動し、観察する力に長けていることを感じます** ➡ まわりをよく見て、他の人が気づかないことを見つけようとする行動力が身についていることがわかります

エピソード7 整理整頓

クラスのみんなが驚くようなアイデアを取り入れながら、机の中を整理整頓できた。

POINT
独自の整理整頓術を身につけ、持ち物をしっかりと管理していることを評価します。それが学級の中に広がっているという成果も伝えます。

文例① 自分の担当の掃除が終わると、席についてお道具箱を出し、中身を整頓しています。「のりはここで、色鉛筆はここに置こう」と、物の定位置を決めて整頓しているので、常に**机の中をきれいに保つことができ、みんなのお手本となっています**[A]。

文例② 短い休み時間を使って机の中をきれいに整頓し、持ち物をしっかり管理することができます。「こんな風に仕切りで分けると物がすぐ取れるよ」と言ってお道具箱を笑顔で見せてくれたときには、まわりから「すごい」「きれいだね」「私もやりたい」と声が上がりました。**○○さんのアイデアいっぱいの整頓術がクラスに広まりました**[B]。

言い換え表現

A **机の中をきれいに保つことができ、みんなのお手本となっています** ➡ 机の中がいつもきれいで、整理整頓の先生となっています

B **○○さんのアイデアいっぱいの整頓術がクラスに広まりました** ➡ ○○さんの画期的な整理の方法をみんながまねするようになりました

Type 03

知識が豊富な子

勉強に限らず、興味・関心が高い

エピソード❶ 朝の会

朝の会のスピーチで、自分がもっている知識を生かし、得意なことを紹介することができた。

POINT

子どもが得意なことを発揮する場面は授業中とは限りません。朝の会や帰りの会などちょっとした時間でも子どものよさを見つけることができるので、日々記録を残しておきます。

文例① 朝の会のスピーチでは、世界中の国名や首都、国旗など**自分の得意分野の知識を十分に生かして発表しました**[A]。興味をもったことに対して、さらに自信がもてるよう励ましていきたいと考えています。

文例② 「得意なことを紹介しよう」のスピーチでは、大好きな昆虫について写真や資料を上手に用いて、わかりやすく発表することができました。友だちからの質問にも的確に答え、クラスのみんなからも**賞賛の声が上がりました**[B]。

言い換え表現

A 自分の得意分野の知識を十分に生かして発表しました ➡ 自分が好きでよく知っていることをみんなに紹介しました

B 賞賛の声が上がりました ➡ 賞賛の的となっていました／尊敬のまなざしが集まりました

エピソード❷ 給食

給食の食材の産地についてその土地の様子や特徴を挙げ、クラスのみんなに紹介した。

POINT

食に関する知識が豊富なこと。そして、その知識によって、友だちの食への興味・関心を高めたことを評価します。

文例① 給食の時間になると、「これは、○○でとれたんだよ」「ここは、○○で有名なんだよ」と、食材の産地や土地の特徴などをみんなに紹介しています。**友だちの食への興味・関心を高めています**[A]。

文例② 給食の時間には、食材の産地や、その土地にまつわる話を友だちに発表しています。**その土地に行ったかのような詳しい話は、友だちの驚きをよんでいます**[B]。○○さんの知識が、学級の食への興味・関心を高めています。

言い換え表現

A 友だちの食への興味・関心を高めています ➡ 友だちが食への興味をもつように働きかけることができました／○○さんのおかげで、多くの友だちが食べることに興味をもつようになりました

B その土地に行ったかのような詳しい話は、友だちの驚きをよんでいます ➡ 昔から知っているような詳しい話にはみんなが興味深く耳を傾けています／豊富な知識を生かした話は友だちに好評です

エピソード③ 休み時間

休み時間、図書室でよく読書をしている。また、本から得た知識を、友だちに広めた。

POINT
読書量が多く、それを知識として蓄えていること、そして友だちに伝えるなどして、その知識を生かすことができたことを伝えていきます。

文例① 休み時間には、図書室で本を読んでいることが多く、知識としてどんどん蓄えています。知識欲が高く、それを苦にせず、楽しみながらやっていることに意義があると思います。**○○さんの知識量は誰にも負けません**[A]。

文例② 休み時間は、図書室に行き、自分の興味のある分野についての図鑑や書籍を読みます。同じテーブルに座っている他学年の友だちにも「どうして○○なのかな？」と**積極的に**[B]質問をして話題を膨らませる姿に意欲の高さを感じます。

文例③ ○○さんは、休み時間も本や図鑑を手に取るなど、常に**研究熱心です**[C]。友だちにわからないことがあると、誰にでも教えてあげるので、みんなの知識の幅を広げることができました。

文例④ ○○さんは、休み時間も研究熱心で、図書室に行って生き物などについて調べていて、同じ班になった友だちからは、「いつも恐竜などの楽しい話をしてくれる」と言われています。**普段から図鑑や本をよく読み、知識を高めていること**[D]の成果をクラス全体へと広げています。

言い換え表現

A **○○さんの知識量は誰にも負けません** ➡ ○○さんはクラスで一目置かれています

B **積極的に** ➡ ものおじせず

C **研究熱心です** ➡ 学ぶことの楽しさを味わっています

D **普段から図鑑や本をよく読み、知識を高めていること** ➡ 日頃から幅広く物事を学んでいること

エピソード④ 休み時間

好奇心旺盛なので、休み時間には上級生の教室に遊びに行き、いろいろな友だちと遊ぶことができる。

POINT

好奇心旺盛で、ものおじしない姿勢を評価するとよいでしょう。また、上級生と積極的に交流し、可愛がられていたことを書くと、保護者にも嬉しい所見となります。

文例① 休み時間は、6年生の教室に出向き、一緒に遊んでいました。**好奇心旺盛なので、高学年の友だちの会話に入ろうとしています**[A]。そんな○○さんは、高学年のお兄さんお姉さんから可愛がられています。

文例② 休み時間になると、誰にでも気軽に話しかけ、いろいろな友だちと仲よく遊ぶことができます。**博学な**[B]○○さんは、クラスの友だちにとって一緒にいてとても楽しい存在となっています。

言い換え表現

A **好奇心旺盛なので、高学年の友だちの会話に入ろうとしています** ➡ 積極的に物事にかかわろうとする性格から、上級生の会話についていこうとする姿をよく見かけます

B **博学な** ➡ 知識が豊富な

エピソード⑤ 掃除

教室の隅に残っているゴミを取り除くために、自分で専用の掃除道具をつくって掃除し、教室をきれいにすることができた。

● POINT
普通ならば諦めてしまう取れにくいゴミを、どうにかして取ろうと試行錯誤しながら工夫したことや、教室をきれいにしようとするその心情を評価します。

文例① ストローとセロハンテープと紙を使って掃除道具をつくり、教室のドアのレールに溜まっているゴミを、きれいに取ってくれました。**自分なりに一生懸命工夫して、教室をきれいにしようとする気持ちが素晴らしいです**[A]。

文例② 雑巾がけしただけでは取れない汚れを、クレンザーやスポンジを使ってきれいに落としました。来年度教室を使うことになる○年生のために、**教室をきれいにしておこうとする心情**[B]が立派です。

文例③ なかなか落ちない汚れはクレンザーを使うこと、流しが詰まらないように排水溝もきれいにしておくことなど、**人が気づかないこともよく知っていて**[C]、丁寧に掃除をすることができました。○○さんのおかげで、教室の床はいつも新校舎のようにピカピカです。

文例④ 「新聞紙で窓を拭くときれいになるんだよ」と、家で聞いてきたことを掃除の時間に取り入れ実践していました。**知っていることをみんなに伝え、クラスで活用しようとする実行力に感心しました**[D]。

言い換え表現

A **自分なりに一生懸命工夫して、教室をきれいにしようとする気持ちが素晴らしいです** ➡ 掃除に取り組む姿勢は、みんなのよいお手本になります

B **教室をきれいにしておこうとする心情** ➡ 教室をピカピカにしようという心がけ

C **人が気づかないこともよく知っていて** ➡ 掃除のコツをよく知っていて／掃除の目的ややり方をよく理解した気づかいにあふれ

D **知っていることをみんなに伝え、クラスで活用しようとする実行力に感心しました** ➡ もっている知識を活用する実践力が素晴らしいです

Type 04 発想が豊かな子

ひらめき力があり、人と違う視点で発想できる

エピソード❶ 給食

自主的におかわり調べを行い、たくさんおかわりした人には賞状を渡すなど、ひと工夫入れて活動することができた。

POINT

子どもが考えた自主的な活動を評価します。その活動がクラスにどのような影響を与えたのかを伝えると、子どもも保護者も嬉しくなる所見になります。

文例① 学級全体の「完食」への意識が高まるように、たくさんおかわりをした人に賞状を渡すことを提案するなど、**自分たちで楽しい給食の時間をつくり出しました**[A]。

文例② 給食を完食することがエコにつながることを学び、自らが中心となって「おかわり調査隊」を結成しました。「おかわり調査」を始めて、みんなの食や環境に対する**関心が広がりました**[B]。

言い換え表現

A 自分たちで楽しい給食の時間をつくり出しました ➡ 楽しい給食のアイデアにあふれていました／工夫して活動することができました

B 関心が広がりました ➡ 考え方や見方が変わりました

エピソード❷ 休み時間

休み時間に、クラスの友だちと新しいルールを考え、楽しく遊ぶことができた。

POINT

校庭で遊べないなどの状況になったとき、手づくりゲームや新しいルールを考案して、休み時間を楽しいものにできたことなど、前向きな姿勢と発想力の高さを評価して伝えます。

文例① 校庭改修工事のため室内の遊びだけになったとき、ひと言も不満を言わず、みんなで楽しめる遊びを考え出した○○さん。**豊かな発想力と前向きな姿勢が身についています**[A]。

文例② 休み時間は、いろいろな友だちと遊んでいます。おにごっこでは、「今日は新しいルールでやってみよう」と声かけをして、**進んで遊びを楽しむ姿が見られました**[B]。明るく、前向きに友だちとかかわることができています。

言い換え表現

A **豊かな発想力と前向きな姿勢が身についています** ➡ その機転を利かせた行動力にクラスから歓声が湧きました

B **進んで遊びを楽しむ姿が見られました** ➡ 遊びを工夫しようとする姿勢が身についています／友だちの気持ちを盛り上げました

エピソード③ 掃除

もっと速くきれいに掃除をする方法はないか、友だちと話し合って取り組んだ。

POINT

自分の考えを自分の言葉で、友だちにわかりやすく丁寧に伝えられることを評価します。また、思いついたことを友だちと共有してクラスで活用しようとしている様子も具体的に伝えます。

文例① **どうすれば効率がよいか**[A]をよく考えて、掃除を行っています。給食当番の片づけも、誰よりも素早く終わらせることができます。○○さんの**その手際のよさ**[B]に感心しました。

文例② **いつも全体を見渡して物事を考えることができます**[C]。どうすれば机をいちばん速く運べるかを考え、「こうやって運んだほうがいいよ」と友だちに教えるなど、工夫して掃除を行うことができました。

言い換え表現

A **どうすれば効率がよいか** ➡ 時間配分や仕事の順番、みんなの役割分担

B **その手際のよさ** ➡ テキパキとやるべきことに取り組む様子

C **いつも全体を見渡して物事を考えることができます** ➡ いつもクラスのみんなの動きをよく見て行動できます／いつも広い視野をもって考えることができます

エピソード④ あいさつ

クラスで楽しくあいさつする方法を考えることができた。

POINT

言われたことをするのではなく、新しい工夫を加え自分で活動を豊かにすることができたことを評価します。

文例① 朝のあいさつ運動では、先頭に立ってあいさつをしていました。「みんなで一緒に言ってみよう」「ハイタッチをしよう」などとたくさん提案をして、**明るい笑顔が学校中に広がりました**[A]。

文例② 少しの勇気を出して、元気にあいさつをすることが、まわりも自分も気持ちよくしていくことをよくわかっています。みんなにも元気なあいさつができるような**工夫を、次々と提案していました**[B]。

言い換え表現

A 明るい笑顔が学校中に広がりました ➡ 学校中のみんなを元気にしました

B 工夫を、次々と提案していました ➡ たくさんのアイデアを出していました

エピソード⑤ 手伝い

1日の流れが見通せる「連絡ボード」を作成したことで、学級全体が見通しをもって教室移動などができるようになった。

POINT

生活をよりよくしようとする意欲をもち、その子のアイデアが学級のために生かされていることを評価することがねらいです。

文例① ○○さんの発案で、連絡ボードを作成しました。集会や行事をあらかじめ確認し、書き込むことで、みんなが見通しをもって生活できるようになりました。**自分から生活をよりよくしようとする意欲**[A]が素晴らしいです。

文例② 担任の指示を待って動くのではなく、連絡ボードを作成したことによって、学級全体が遅れずに移動できるようになりました。**問題意識をもって行動する姿勢**[B]に成長を感じます。

言い換え表現

A **自分から生活をよりよくしようとする意欲** ➡ みんなの生活を便利にしようとする気持ち／生活を改良しようとする行動力

B **問題意識をもって行動する姿勢** ➡ 不便さを改良しようとする姿／工夫し、考えながら動く様子

エピソード⑥ 生活態度

転校する友だちのために思い出に残ることを行おうと提案し、実現させた。

POINT

自分たちで知恵を出し合い、より楽しい学校生活をつくろうとする態度はとても大切です。「自分たちの自分たちによる自分たちのための活動」を展開できるように励ましましょう。

文例① 転校する友だちにお手紙を送ろうと考えて、学級の話し合いに提案しました。みんながよりよい学級生活を送るために、**自分にできることを考えて実現すること**[A]ができました。

文例② 友だちが転校すると聞いて、みんなの思い出に残るように、お手紙を書いたり、お楽しみ会をしたりしようと提案しました。仲がよかった友だちとの思い出づくりのために、**知恵を絞って活動する姿**[B]が輝いていました。

言い換え表現

A **自分にできることを考えて実現すること** ➡ 率先して行動すること

B **知恵を絞って活動する姿** ➡ アイデアを出し合う姿

エピソード⑦ 整理整頓　身だしなみ

生活の中で大切な身だしなみや整理整頓に対して、自分なりのアイデアを用いて取り組むことができた。

POINT

ほんの少しの気づかいが、大きな違いを生み出します。自分なりの方法で生活を工夫しようとする姿勢を評価します。

文例① ポケットのない洋服を着るときには、小さなポシェットを持ってきています。「手を洗ったときや、もしも火事が起きたときにはハンカチが必要だから」と、常に**ハンカチ、ティッシュを持ち続けようとする姿**[A]は、身だしなみの面と安全面から、クラスのみんなのお手本となっています。

文例② 給食当番の片づけのとき、**誰に言われるでもなく**[B]「こうすると給食を片づける人が嬉しいよ」と言って、スプーンやフォークを一本一本きれいにそろえていました。整理整頓をしてみんなが気持ちよく過ごせるようにしたいという姿勢が見られます。

言い換え表現

A ハンカチ、ティッシュを持ち続けようとする姿 ➡ ハンカチ、ティッシュを持っている身だしなみのよさ

B 誰に言われるでもなく ➡ 自ら進んで

エピソード⑧ 生活態度

クラスで問題が起きたとき、仲直りの方法を提案することができた。

POINT

友だちのために、心を込めて活動している姿勢を評価します。また、その子の発言や行動が、クラスの友だちによい影響を与えていることも伝えます。

文例① ケンカをした友だちに仲直りしてもらうために、「**話し合って解決しよう**[A]」「仲直りをしたら握手をしよう」と提案することができました。

文例② 「クラスのみんなが仲よくできるのがいちばん」と言いながら、友だち同士のケンカの仲裁に力を貸しました。ルールを決めればケンカにならないと考え、**遊びのルールを決める提案をしました**[B]。

言い換え表現

A 話し合って解決しよう ➡ みんなで話し合おう

B 遊びのルールを決める提案をしました ➡ 学級のきまりを見直す提案をしました

Type 05 まわりのために動ける子

周囲の状況に気配りができ、献身的に動ける

エピソード① 給食

給食の時間に、当番でなくても人手が足りないときには仕事を手伝い、配膳がスムーズに進んだ。

POINT

給食当番が専科の教室から帰るのが遅いときなど、人が困っている様子を感じ取り、給食台を拭いたり配ぜんの用意をしたり行動に移せることを評価します。気配りの姿勢をほめることで、本人の励みになるように書きます。

文例① 頼まれなくても、給食の時間に人が足りないときには牛乳を進んで配っています。人が困っている様子を察知し、**まわりのために気を配って動けるところ**[A]が立派です。

文例② 給食の時間には、人が足りないと、当番でなくても自分から牛乳を配り配膳を手伝います。**それを誰にも言わずにそっと行えるさり気なさ**[B]も、素敵なところです。

文例③ 自分のことはてきぱきと終えて、常にまわりを見渡してできることをやろうとする気働きができます。○○さんのおかげで、**いつも給食の準備が早く整います**[C]。

文例④ 自分の係ではないときにも、「何か、配るものはありませんか？」と声をかけて進んで仕事をしてくれます。まわりの様子を判断し、**自分にできることを手伝おうとする意欲が素晴らしいです**[D]。

言い換え表現

A **まわりのために気を配って動けるところ** ➡ 相手のことを考えながら動けるところ

B **それを誰にも言わずにそっと行えるさり気なさ** ➡ さり気なく手伝う配慮

C **いつも給食の準備が早く整います** ➡ いつもおいしく給食が食べられます

D **自分にできることを手伝おうとする意欲が素晴らしいです** ➡ 献身的に手を差し伸べられる姿勢に感心しています

エピソード❷ 休み時間　あいさつ

規則を尊重し、みんなに呼びかけることができる。

● POINT
気持ちよく学校生活を送るために、率先して規則を守り、全校児童に呼びかけているところを評価します。

文例①　休み時間、下級生が校庭で**やってはいけない遊び**[A]をしていたとき、きちんと理由を説明して注意していました。その姿から中学年としての自覚を感じました。

文例②　あいさつ当番のとき、登校してくる全校児童に積極的にあいさつをし、ポケットに手を入れている子に、「危ないので手を出そう」と呼びかけました。**けがの防止に努める**[B]などの気配りができます。

言い換え表現

A やってはいけない遊び ➡ 危険が伴う行い
B けがの防止に努める ➡ けがをしないよう貢献する

エピソード❸ 掃除

「みんなのために」という思いをもって清掃活動に黙々と取り組んでいた。

● POINT
人が気づかない仕事に率先して取り組む姿勢を評価しましょう。また、それが「よりよい学校・学級」をつくっていると伝えることで、さらに意欲的に取り組めるよう促します。

文例①　誰に頼まれたのでもなく、靴箱に並ぶ1年生の靴をきれいに並べていました。自分にできること、気づいたことを自ら**行動に移せるフットワーク**[A]が抜群です。

文例②　「自分が学校をきれいにして、みんなが気持ちよく生活できるようにしたい」と言っていた言葉通り、自分にできることを見つけて行動できました。○○くんの背中を見て、クラスの友だちも**それについていこうとする姿**[B]が見えます。

言い換え表現

A 行動に移せるフットワーク ➡ 積極的にやろうとする気持ち

B それについていこうとする姿 ➡ それにならってきれいにしようとする姿

エピソード❹ 下校

下級生の安全に気を配りながら、手をひいて一緒に下校した。

POINT

下級生の安全に気を配って行動する姿を認め、上級生としての自覚が高まっていることを保護者や児童に伝わるように記述します。

文例① 「一緒に帰ろう。そこは、危ないよ」と、一緒になった1年生の手をひいて、下校する姿が見られました。下級生を思いやる笑顔とその行動に、**上級生としての自覚が感じられます**[A]。

文例② 1年生の手をひいて、安全に気をつけながら一緒に下校することがありました。それ以来、その1年生は○○さんを見かけると笑顔で手を振っています。**下級生を思いやるやさしい気持ちが届いているようです**[B]。

言い換え表現

A 上級生としての自覚が感じられます ➡ 上級生らしさが見られます

B 下級生を思いやるやさしい気持ちが届いているようです ➡ やさしい○○さんは下級生に慕われています

エピソード❺ 手伝い

花瓶を倒すなど、失敗してしまった友だちを手伝い、きれいになるまで一緒に片づけた。

POINT

友だちのために自分のできることを探して、実行に移している行動力を評価します。

文例① 友だちが花瓶を倒して床に水をこぼしてしまったときには、手が冷たくなるのも気にせず最後まで一緒に拭いてあげていました。○○さんの**友だち思いなところ**[A]に感動しました。

文例② 花瓶からこぼれた水を拭く友だちに声をかけ、新しいぞうきんを持ってきたり、ぞうきんを洗ったり、積極的に手伝ってあげていました。**常にまわりの状況を見て、実行に移せる行動力が素晴らしいです**[B]。

言い換え表現

A 友だち思いなところ ➡ 友だちを気づかうやさしさ

B 常にまわりの状況を見て、実行に移せる行動力が素晴らしいです ➡ 友だちの気持ちや状況に反応して、自分にできることをしようとするやさしさが伝わってきます

エピソード⑥ 手伝い 生活態度

人のために動く大切さを理解し、どうしたらクラスのみんなが過ごしやすくなるかを考えて行動することができた。

POINT

クラスのみんなが過ごしやすいような心配りができ、気づいたことを行動に移すことができるのは、人のために動く大切さを理解している表れです。人のために動くことがいかに尊いことなのかを加えて保護者に伝えましょう。

文例① 年間を通じて、専科の教室に移動する前には、みんなの椅子をきれいに整頓したり、給食の食器を重ねやすいように整理したりしています。○○さんの行いは、いつも「人のために動く大切さ」をクラスのみんなに**教えてくれています**[A]。

文例② 教室移動の際には、電気を消したり窓やドアを閉めたりしてくれました。**心ある行動をくり返す○○くんに、友だちも担任も信頼を深めています**[B]。

文例③ 「先生、何かやることはないですか？」といつも声をかけてくれました。ボランティアの手伝いを呼びかけると、**気持ちのよい笑顔で手伝うことができます**[C]。

文例④ **いつも周囲のことに目を配り**[D]、まわりの人のために一生懸命行動することができます。担任の手伝いがあったり、友だちが困ったりしていると、自分から声をかけて喜んでやっています。

言い換え表現

A **教えてくれています** ➡ 行動で示しています
B **心ある行動をくり返す○○くんに、友だちも担任も信頼を深めています** ➡ ○○くんはみんなのために何ができるかを考えて行動に移せるので、まわりからの信頼が厚いです
C **気持ちのよい笑顔で手伝うことができます** ➡ 真っ先に飛んできて手伝っています／喜んで手を貸してくれます
D **いつも周囲のことに目を配り** ➡ いつもまわりのことを気にかけ

エピソード⑦ 生活態度

転入生に、学校生活のリズムに慣れるまで、学校のきまりを一から丁寧に教えてあげることができた。

POINT
転入生の立場に立ち、親身になって不安なことを取り除いてあげようとする姿勢を評価します。自分の身支度をすぐに終わらせ、友だちのために動く積極性と行動力を伝え、保護者に喜ばれる所見にします。

文例① 転入生がやってきたその日から、転入生の立場に立ち、「大丈夫だよ！　私が案内するから。ここのルールは～だよ」と進んで学校の場所やきまりについて教えてあげることができました。**丁寧に根気強く、友だちを支えてあげる姿**[A]が立派でした。

文例② 困っている友だちがいると、「どうしたの？」と相手の目を見て、やさしく声をかけます。長時間でも、その友だちが元気になるまで声をかけ続けたり、先生に伝えに行ったりと親身になってかかわることができ、**友だちから信頼されています**[B]。

言い換え表現

A **丁寧に根気強く、友だちを支えてあげる姿** ➡ きっちりと一つひとつ友だちに説明する姿
B **友だちから信頼されています** ➡ 友だちから頼られる存在です

Type 06 クラスをまとめる子

段取りがよく、リーダシップを発揮できる

エピソード❶ 給食

給食当番の際には、当番全体のことを考えてみんなを導くことができた。

POINT
自分の担当の仕事だけではなく、全体に目を向け、速く配膳するにはどうしたらよいのか考えられたことを評価します。

文例① 給食当番のときには、全体の配膳の様子を見ながら、「あと7人分必要だから、もう少し量を減らしたほうがいいよ」と、同じグループの友だちにアドバイスをしていました。**広い視野から物事をとらえる力が身についています**[A]。

文例② 給食当番として、配膳の準備や片づけを友だちと協力して進んで行いました。「野菜は左で、スープは右に置こう」と、**仕事の手順を考え**[B]、効率よく速やかに取り組むことができました。

言い換え表現

A 広い視野から物事をとらえる力が身についています ➡ 全体を見渡して考えることができる力が育っています

B 仕事の手順を考え ➡ 作業の流れを大切にして

エピソード❷ 休み時間

クラス遊びをするとき、その日の遊びを提案したり、審判役として、クラスをまとめたりすることができた。

POINT
さまざまな個性の集まりであるクラスをまとめるという大変難しいことを進んで行っています。まわりの友だちへの貢献度が高いことも伝えます。

文例① クラス遊びの日には、「今日の遊びは何にしますか」と進んで話し合いを行いました。さまざまな意見が飛び交う中、多数決で決めるなど**クラスの全員が納得のいく方法で、楽しい遊びにすることができました**[A]。

文例② クラス遊びでは、自分が審判役になることで、**時間やルールをしっかり守る大切さをみんなに伝えました**[B]。間違ったことをしたときにはきちんと注意できるので、**クラスみんなの規範意識も高まっています**[C]。

文例③ 休み時間の遊びの中心に、いつも○○さんの顔があります。**自分の遊びを押し通す**[D]のではなく、男女を問わずいろいろな友だちのやりたい遊びを聞いて実行し、**それを心から楽しむ姿勢が友だちをひきつけているようです**[E]。

言い換え表現

A クラスの全員が納得のいく方法で、楽しい遊びにすることができました
➡ クラスのみんなが喜ぶ方法を考え、楽しく遊ぶことができました

B 時間やルールをしっかり守る大切さをみんなに伝えました ➡ 時間内に行うことや安全に遊ぶことの大切さをみんなに定着させました

C クラスみんなの規範意識も高まっています ➡ クラスみんなのお手本となっています

D 自分の遊びを押し通す ➡ 自分の希望を通す

E それを心から楽しむ姿勢が友だちをひきつけているようです ➡ 自ら楽しもうと働きかけるので、○○さんのまわりに友だちが集まっています

エピソード③ 掃除

清掃活動で、自分のグループの場所が終わると、他のグループを進んで手伝っていた。

POINT
自分の掃除分担が終わっても、まわりを見てクラス全体の掃除が終わるまで手伝おうとする行動力を評価します。

文例① 掃除活動では、自分のグループの場所が終わると、「先に終わったので手伝います」と、気持ちよく他の場所を手伝うことができました。**その気持ちが少しずつ友だちにも伝わり**[A]、クラス全体の成長につながっています。

文例② 自分が担当する場所の掃除が終わったら、まわりの友だちを手伝っています。**クラス全体で掃除に取り組むことの大切さを考えて行動していることがよくわかります**[B]。

言い換え表現

A その気持ちが少しずつ友だちにも伝わり ➡ 友だちの立場に立って考えられるので

B クラス全体で掃除に取り組むことの大切さを考えて行動していることがよくわかります ➡ みんなで協力して掃除をしようと意欲的に取り組んでいます。

エピソード❹ 帰りの会

「みんなで楽しく」の時間(学級の時間)にやりたい遊びをみんなにアンケートをとり、楽しめるように企画運営することができた。

POINT
週1回、みんなが楽しめる時間になるように、計画的に準備を進めて、クラス全体が楽しめるような時間を率先してつくったことを評価します。

文例① 「みんなで楽しく」の時間では、週に1回みんなが楽しめる遊びを考えて自ら準備をし、帰りの会で意見を聞くなど、**先頭に立って運営しました**[A]。おかげで、毎回クラスみんなで楽しい時間を過ごすことができました。

文例② 「みんなで楽しく」の時間では、毎回帰りの会でアンケートを取り、**みんながやりたい遊びを企画しました**[B]。クラスみんなが楽しめる時間になるように、リードすることができました。

言い換え表現

A 先頭に立って運営しました ➡ 計画的に準備を進めました

B みんながやりたい遊びを企画しました ➡ 楽しめる遊びを企画しました

エピソード❺ 放課後

休み時間になると、いつもみんなを集め、遊びの中心にいる。友だちにやりたい遊びを聞いて、いろいろな遊びに興じている。

POINT
遊びをまとめることはもちろん、みんなの気持ちをしっかり確認しているところを評価します。

文例① 放課後になると、クラスの仲間大勢に囲まれ、遊びの相談を始めます。**遊びに参加できる仲間が増えるように**[A]、遊び場を変えたり声をかけたりしてみんなをリードする姿は、**クラスになくてはならない大きな存在です**[B]。

文例② 放課後になると、○○さんを中心に、男女関係なく友だちが集まってきます。遊びを提案するだけではなく、**みんなのやりたい遊びも聞き**[C]、いろいろな遊びに取り組む姿が、信頼を集めています。

言い換え表現

A **遊びに参加できる仲間が増えるように** ➡ 大勢で楽しめるように

B **クラスになくてはならない大きな存在です** ➡ クラスのリーダー的役割を務めています

C **みんなのやりたい遊びも聞き** ➡ みんなの意見やアイデアを取り入れ

エピソード⑥ 生活態度

自らがリーダーとなって「やってみせる」という主張をもっていて、クラス全体に影響を与えた。

POINT

人に指示するだけではなく、自分がまずやってみてまわりに示すというその行動を評価します。それが学級に浸透したことを伝えると、さらに自信をもつようになります。

文例① けじめのあるクラスを実現するために、自らが率先して楽しいときには大いに笑い、学習には集中して取り組むという「○○くんスタイル」がクラス全体にも浸透してきました。広い視野で学級のことを見たり考えたりでき、**友だちからも一目置かれる存在です**[A]。

文例② クラスの友だち同士がけんかをしたときには、**仲裁役になり**[B]、2人の言い分を聞いていました。仲を取りもとうとする姿に、リーダーシップと頼もしさを感じました。

言い換え表現

A **友だちからも一目置かれる存在です** ➡ 友だちから頼りにされる存在です

B **仲裁役になり** ➡ 2人をなだめてくれて

Type 07 積極的に自己表現できる子

自分なりの思いや考えをさまざまに表現できる

エピソード❶ 朝の会

朝の会で、体を揺らしながら楽しそうに歌をうたっていた。それがきっかけで、朝の会が明るくなった。

POINT
素直に表現する姿が、友だちにもよい影響を与えていることを知らせることで、保護者の方にも嬉しい所見となるようにします。

文例① 朝の会の歌では、いつも曲に合わせて体を動かして踊り、うたっています。**楽しさを体いっぱいに表現してうたう姿**[A]を見て友だちも笑顔になり、今では、学級みんなが体を揺らしながら朝の会を楽しむことができるようになりました。

文例② 朝の会で、体を揺らしながらうたう姿は本当に楽しそうで、みんなが笑顔になります。○○さんの**うたう楽しさを素直に表現する姿**[B]が友だちにも刺激を与え、笑顔あふれる時間をつくっています。

言い換え表現

A 楽しさを体いっぱいに表現してうたう姿 ➡ のびのびとうたう姿

B うたう楽しさを素直に表現する姿 ➡ 元気よくうたう姿

エピソード❷ 給食

給食の時間を大切にし、マナーを守ること、残さず食べること、楽しく食べることができた。

POINT
給食の時間は給食指導の時間です。マナーを守る、残さず食べる、楽しく食べるなど、当たり前のことを当たり前にできる態度を認める所見にします。

文例① 給食時間は、マナーを守りながら残さずに食べ、好き嫌いをせずにいつもおかわりをしています。食べものを大切する○○くんのおかげで、学級全体で「完食」をめざそうとする意識が**芽生えました**[A]。

文例② お昼の放送や友だちとの会話を楽しみながら給食の時間を過ごしています。○○くんが楽しい時間をつくり出していて、食事中も笑いが絶えません。**食事のマナーを守るべき部分と楽しむ部分の分別**[B]をつけて行動できる姿にも感心しました。

言い換え表現

A 芽生えました ➡ 出てきました／見られるようになりました

B 食事のマナーを守るべき部分と楽しむ部分の分別 ➡ メリハリ／けじめ

エピソード③ 休み時間

休み時間に、友だちと声をかけ合って元気に遊んでいた。

POINT

遊びを通して、友だちとかかわっている様子を伝えます。休み時間はいつでも輪の中心にいて声をかける積極性を評価します。

文例① 休み時間になると、得意なボール遊びを通して友だちと元気に遊んでいます。いつも輪の中心にいて、**みんなが楽しく遊べるように声をかけて、交流を深めています**[A]。

文例② 休み時間になると、男女を問わず誘って、ボール遊びをしています。**常に遊びの中心にいて**[B]、クラスの友だち関係を深めています。

言い換え表現

A みんなが楽しく遊べるように声をかけて、交流を深めています ➡ 声をかけるなど、遊びを通して友だちとのかかわりを広げています

B 常に遊びの中心にいて ➡ いつも大勢の友だちに囲まれて

エピソード④ 掃除

掃除の時間に問題に思ったことを帰りの会で発表し、掃除方法の改善に貢献した。

POINT

進んで自己表現したことが、学級のためになったことを明らかにして、今後も進んで考えを発表していく意欲となる所見にします。

文例①　「上着がかかっていると、掃除の時間に椅子が運びにくいと思います」と、帰りの会で発言しました。それに共感した友だちも多く、上着はかけるべき場所にかけるというルールができ、**掃除の効率が上がりました**[A]。

文例②　掃除中に、椅子に上着がかかっていると運びにくいことに問題を感じ、上着をかける場所を決めようと提案しました。**自分の思いを素直に表現する姿勢**[B]が、学級の掃除方法の改善につながりました。

言い換え表現

A　掃除の効率が上がりました ➡ 掃除をしやすくなりました

B　自分の思いを素直に表現する姿勢 ➡ 思ったことを発言する姿勢

エピソード⑤ あいさつ

校内では、どんな人にも大きな声と明るい笑顔であいさつをすることができた。

POINT

あいさつは相手の目を見て、大きな声で明るく行うという姿勢をもち続けたこと、特定の人に対してではなく、どんな人に対してもあいさつできたことを伝えましょう。

文例①　あいさつ月間では、校門に立ち、クラスの誰よりも大きな声で朝のあいさつ活動に取り組みました。**相手の目を見て、大きな声と明るい笑顔であいさつする姿は、全校の模範となりました**[A]。

文例②　「あいさつすると心がほかほか温まる。あいさつは魔法の言葉だね」とあいさつの気持ちよさに気がつくことができました。**友だちと自分の思いを言葉で伝え合う力を伸ばしています**[B]。

言い換え表現

A　相手の目を見て、大きな声と明るい笑顔であいさつする姿は、全校の模範となりました ➡ 元気よくあいさつしている〇〇さんを誇りに思います／誰よりも素敵な〇〇さんのあいさつに感心しました

B　友だちと自分の思いを言葉で伝え合う力を伸ばしています ➡ 言葉で思いを共有する力が身についています

Type 08 友だちとのかかわりがよくできる子

フレンドリーで、誰とでも自然に仲よくできる

エピソード① 給食 休み時間

給食や休み時間、または掃除のときに、低学年の子どもたちの世話を親身に行っていた。

POINT
上級生という自覚をもち、低学年に合わせたかかわり方で親身に世話をしている様子を評価して伝えます。

文例① 休み時間になると、パートナーをはじめ何人もの低学年の友だちが○○さんのそばに寄ってきます。明るくやさしく、**親身にかかわってくれる**[A]○○さんが大好きなのです。

文例② 給食の準備時間になると、下級生のお世話に行きます。配膳の仕方を**一つひとつ丁寧に教える姿**[B]がとてもほほえましいです。やさしい○○さんを下級生も慕っています。

言い換え表現

A **親身にかかわってくれる** ➡ 話を聞いてくれる

B **一つひとつ丁寧に教える姿** ➡ 下級生の目線に立って教える姿

エピソード② 休み時間

休み時間は、誰とでも仲よく過ごし、友だちにやさしい言葉かけをすることができた。

POINT
誰とでも仲よく過ごすことができる協調性を評価します。また、友だちに、やさしい言葉かけが常にできることも保護者に伝えるとよいでしょう。

文例① 休み時間には、○○さんのまわりには笑顔が絶えません。元気に外遊びをする中で、「ドンマイ！」「ありがとう！」と友だちを励ましたり、感謝の気持ちを伝えたりすることができます。○○さんのやさしい言葉かけが**クラスを明るくしています**[A]。

文例② 休み時間に、次の学習の準備を忘れている友だちに、時計を見て準備をすればよいことを、やさしくアドバイスすることができました。まわりに目を向け、**さり気なく手助けをする○○くんの姿に、友だち思いのやさしさを感じます**[B]。

言い換え表現

A **クラスを明るくしています** ➡ クラスのムードメーカーとなっています

B **さり気なく手助けをする○○くんの姿に、友だち思いのやさしさを感じます** ➡ 友だちにそっと手を差し伸べる姿には、○○くんの人柄のよさが表れています

エピソード③ 掃除

掃除の時間に、友だちと協力して、自分たちにできる仕事を進んで行うことで、より早くよりきれいに終えることができた。

POINT

きれいに終えたことはもちろん、友だちと声をかけ合って協力し合った姿を評価し、よりよいかかわり合いをしていけるようにします。

文例① 自分にできる仕事を自分から見つけて、進んで掃除に取り組んでいます。**友だちと声をかけ合い協力し合いながら**[A]、より素早くきれいに終えようとする姿勢が印象的でした。

文例② 掃除の時間には、友だちに声をかけながら、効率よく仕事を終えることができます。**自分のやるべきことはしっかりやる姿勢**[B]も立派です。力を合わせて仕事をやり遂げる姿に、成長を感じます。

言い換え表現

A **友だちと声をかけ合い協力し合いながら** ➡ 班の仲間と力を合わせて

B **自分のやるべきことはしっかりやる姿勢** ➡ 自分の役割を理解し、やり遂げようとする責任感

エピソード4 帰りの会

帰りの会の振り返りの時間に、友だちのよさを認めることができた。

POINT
帰りの会で発表するには、日頃から前向きな姿勢で友だちに接し、人のよさに気づく力が必要です。温かい気持ちで友だちにかかわる様子を評価します。

文例1 帰りの会で「今日のMVP(いいことをした人の発表)」のコーナーになると、毎日のように手を挙げています。「○○さんは、友だちの帰りの準備を手伝ってあげていました」と発言するなど、日頃から**友だちのよい面**[A]を見て認めていこうという姿勢が表れています。

文例2 帰りの会になると、一日の友だちの行動をよく思い出して、「○○さんは中休みにけがした人を保健室に連れて行って、代わりにけがの様子を来室記録に書いてあげていました」と、**友だちのよかったところを認めて、みんなに知らせることができました**[B]。

言い換え表現

A 友だちのよい面 ➡ みんなの長所

B 友だちのよかったところを認めて、みんなに知らせることができました
➡ 仲間のよいところを見つけるのが上手です／友だちのよかったところに注目して、みんなに広めることができました

エピソード5 手伝い

友だちのよいところを認めて、それをまわりに知ってもらおうと働きかけた。

POINT
友だちのよさを自分のことのように喜び、他の人に伝えようとする素直な姿勢を評価します。

文例1 友だちが描いた絵を「すごいね、上手だね」とほめ、クラスのみんなにもその絵を見てもらおうと、「ぜひ見てください」という紙を添えて教室に飾っていました。**人のよいところを認めて、他の人に知ってもらいたいと思う意欲に感心しました**[A]。

文例② 思いやりがあり、困っている友だちの仕事は進んで手伝います。**いつも友だちに囲まれている**[B]様子からも、○○さんが**みんなに温かく接していることがわかります**[C]。

言い換え表現

A 人のよいところを認めて、他の人に知ってもらいたいと思う意欲に感心しました ➡ 友だちが得意とすることをまわりに伝えたいという熱意が伝わってきました／人のよさを自分のことのようにとらえる姿に感心しました

B いつも友だちに囲まれている ➡ 常にまわりに友だちがいる

C みんなに温かく接していることがわかります ➡ みんなにやさしく振る舞っていることが伝わってきました／みんなに信頼され、慕われている様子が伝わってきます

エピソード⑥ 生活態度

学校生活全般において、多くの友だちに積極的に自分から話しかけたりやさしく接したりして、友だちの輪を広げることができた。

POINT

人とのつながりの大切さが再認識された今、自分から積極的に人とつながっていこうと自然にできることは、素晴らしいことです。男女関係なく、やさしく公平に接することができ、友だちから信頼されていることを保護者に伝えます。

文例① **多くの人に自分から声をかけ、友だちの輪を広げていきました**[A]。ムードメーカー的な存在として学級や学年を盛り上げることも多くありました。人とのつながりの大切さが再認識されたこの時代、非常に重要な力が備わっていると感じます。

文例② **仲のよい友だちに固執する**[B]のではなく、**たくさんの友だちに積極的に声をかけ、友だちの輪を広げていきました**[C]。そんな○○くんに、クラスだけでなく学年のみんなが信頼を寄せています。

文例③ 休んでいた友だちが登校したときには、体調を気づかったり、**休み中の活動について詳しく教えてあげたりしていました**[D]。男女関係なく誰に対してもやさしく接することができるので、友だちからの信頼も厚いです。

言い換え表現

A **多くの人に自分から声をかけ、友だちの輪を広げていきました** ➡ 積極的にたくさんの友だちとかかわろうとしました

B **仲のよい友だちに固執する** ➡ 仲のよい友だちとだけ一緒に遊ぶ

C **たくさんの友だちに積極的に声をかけ、友だちの輪を広げていきました** ➡ 分け隔てなく、多くの人とかかわり合うことができました

D **休み中の活動について詳しく教えてあげたりしていました** ➡ 休んでいる間にどんな活動をしたか話していました

エピソード7 生活態度

意見が合わない友だちを批判するのではなく向き合おうとした。

POINT

意見が合わない仲間でも、批判するのではなく相手の気持ちを汲み取ることはとても大切です。そんな歩み寄ろうとする態度を評価します。

文例① クラスのルールを守れない友だちがいると、その子にそっと注意していました。相手の気持ちを考えながら、ルールを守ることの大切さ**を伝えられるやさしさと誠実さを、もち続けてほしいと思います**[A]。

文例② 人に対して飾らない素直な性格が、クラスみんなから慕われています。友だちと意見が合わないことがあっても、**自分の感じたことを言葉に表し**[B]、相手を理解しようと真っすぐに向き合う誠実さが魅力です。

文例③ 考え方が違う友だちに対して、批判することなく向き合おうとする姿がうかがえました。普段から誰とでも仲よくできる○○さんの姿勢は、**クラスの団結力の源になっています**[C]。

言い換え表現

A **～を伝えられるやさしさと誠実さを、もち続けてほしいと思います** ➡ ～を伝えられるのは、誰に対しても公平な○○さんへの信頼があるからだと思います

B **自分の感じたことを言葉に表し** ➡ 自分の意見をきちんと述べ

C **クラスの団結力の源になっています** ➡ クラスがひとつにまとまる原動力になっています

Type 09 さまざまな場面でよさを発揮する子

テストの成績に表れない頑張りや努力ができる

エピソード❶ 給食

給食の時間に、みんなが納得のいくおかわりの仕方を提案した。

● POINT

意見が理にかなっているからこそ、みんなが納得していたようすを評価し、友だちとよいかかわりができていることを伝えます。

文例① 給食になると、おかわりをじゃんけんで決めるか、話し合いにするかなどを決めています。**公平性やそのメニューの人気度、おかわりをする順番まで考慮に入れた意見は説得力が高く**[A]、その判断にみんなが一目置いています。

文例② 給食のおかわり決めでは、いつも大活躍です。それぞれのおかわりの回数から、残った量、メニューの人気度までを考慮に入れてアイデアを出します。**その説得力の高さに友だちも納得して**[B]、楽しい給食の時間となっています。

文例③ 給食の時間になると、いつもおかわりをしています。「残さいを減らして、調理員さんに感謝の気持ちを示そう」という○○くんの言葉を聞いてまわりも「ぼくもおかわりしよう」と言ってよく食べるようになりました。**「残さず食べよう」というよい影響をみんなに与えています**[C]。

言い換え表現

A 公平性やそのメニューの人気度、おかわりをする順番まで考慮に入れた意見は説得力が高く ➡ みんながけんかせず公平におかわりできるように考慮するので

B その説得力の高さに友だちも納得して ➡ ○○くんの言葉には説得力があるのでまわりの友だちも従い

C 「残さず食べよう」というよい影響をみんなに与えています ➡ 学級全体に「できるだけ完食しよう」という意識が浸透しています

エピソード❷ 休み時間

誰に対しても、明るく声をかけられる。休み時間になると、クラス全体に呼びかけ大勢で遊ぶきっかけをつくっている。

● POINT
学年やクラスによっては、男女間に壁ができてしまうこともあります。クラス全体が仲よくなるきっかけをつくることができる、ムードメーカーとなっていることを評価します。

文例① 休み時間は、クラス全体に「遊ぼう！」と声をかけています。○○さんの明るさで、**たくさんの子が一緒に遊ぶ機会**[A]が増え、男女関係なく仲よく遊ぶことができるクラスになっています。

文例② 休み時間になると、たくさんの友だちと元気に遊んでいます。○○さんの声かけで、**男女で分け隔てなく**[B]みんなで仲よく遊ぶ機会が増え、学級の雰囲気が明るくなりました。

言い換え表現

A **たくさんの子が一緒に遊ぶ機会** ➡ みんなで外で元気に遊ぶこと
B **男女で分け隔てなく** ➡ 男子女子で分かれずに

エピソード❸ 掃除

掃除の時間、時間通りに終わるよう手際よく手を動かした。

● POINT
時間通りに終わるように自分のやるべきことを果たしていたことを書きます。また、常に手を動かし早く終わらせようとする姿勢も伝えるとよいでしょう。

文例① 掃除のときは、いつでも**しっかりと手を動かしていて**[A]、手際のよさが光っています。時間通りに素早く片づけを終わらせることができ、誰よりも先に外に遊びに飛び出しています。

文例② 仲間が使った道具を「片づけちゃうよ」と言って、手際よく後片づけを進めることができました。**時間通りに手早く終えられる器用さ**[B]に感心します。

言い換え表現

A **しっかりと手を動かしていて** ➡ きちんと仕事をしていて

B **時間通りに手早く終えられる器用さ** ➡ 時間内に効率よく掃除ができる手際のよさ

エピソード④ 手伝い

教室をきれいに保つために、はがれている掲示物などを進んで貼り直していた。

● POINT

まわりのために働くということは、簡単そうで実に難しいことです。それだけに、将来にも役に立つ大切な力であると価値づけて評価します。

文例① 教室の掲示物がはがれていることに気づくと、自分から進んで貼り直していました。まわりのために率先して行動しようとする気持ちは、**○○くんが将来自分の道を切り開くための礎**[A]になるはずです。

文例② 自分の仕事だけでなく、人手が足りない係の手伝いを進んで行うなど、ボランティアを心がけて生活していました。○○さんのおかげで「困ったときは助け合い」の心が**学級にも広がりました**[B]。助け合いは、これから生きていく中で大切な力です。今後も持ち続けてほしいと思います。

言い換え表現

A **○○くんが将来自分の道を切り開くための礎** ➡ ○○くんの将来に役立つ力／大人になってからも必要となる力

B **学級にも広がりました** ➡ クラスにも浸透しました

エピソード⑤ 生活態度

学級内が何となくだらけた雰囲気になったとき、自分で変えようと自主的に新たな活動を始めた。

● POINT

「自分の力でクラスを変えていこう」とする自主的な態度を評価します。この行動が学級にどう影響したのかを伝えると、「次はどんな活動をしようか」と、新たに考えるようになり、子どもの主体性を伸ばします。

文例① 「クラスのためにやるべきことがある」と、自主的に「宿題チェック」を始めました。○○さんの取り組みのおかげで、「忘れ物を減らそう」「当たり前のことを当たり前にやろう」という意識が学級全体に根づき、**進級を迎えるみんなの士気が高まりました**[A]。

文例② ○○さんが始めた「宿題チェック」の取り組みはクラス全体にも浸透し、宿題だけでなく、持ち物忘れを減らすことにもつながりました。**自分たちでクラスを変えようとする姿勢に感心しました**[B]。

言い換え表現

A **進級を迎えるみんなの士気が高まりました** ➡ 進級するにあたってモチベーションが上がりました／みんなの心に火をつけました

B **自分たちでクラスを変えようとする姿勢に感心しました** ➡ 自分たちのことは自分たちで管理していこうとする意欲に成長を感じました／自分たちでクラスを変えていこうとする姿を頼もしく思います

エピソード⑥ 生活態度

人のために役立つ大切さを理解して、学校生活全般においてまわりのために動こうとする姿勢が習慣化された。

POINT
学校生活全般において、まわりに目を向け、どうしたら自分も友だちも過ごしやすくなるかを考えて、行動することができていることを評価し、保護者に伝えます。

文例① 学級では、「人のために役に立つこと」を呼びかけていますが、いちばん実践しているのが○○くんです。給食の片づけがしやすいようにお椀を毎回整えたり、誰かが発言しようとすると、**その子にみんなの視線が集まるよう呼びかけたりする**[A]ことができます。いろいろなことに誰よりも早く気づくことができます。

文例② 自分も友だちも気持ちよく学校生活を送れるようにするために、**日常生活のちょっとした心配り**[B]ができます。教室にゴミが落ちているとほうきを持ち出して掃除をし、ゴミ箱がいっぱいになっているとさり気なくゴミ捨てに行っていました。

文例③ 休み時間には「これをやろう！」と提案するなど、自分の気持ちを素直に表現することができます。そんな明るい○○くんに引き寄せられ、**○○くんのまわりは友だちでいっぱいです**[C]。

言い換え表現

A **その子にみんなの視線が集まるよう呼びかけたりする** ➡ 友だちの発言に耳を傾けるよう呼びかけたりする

B **日常生活のちょっとした心配り** ➡ 生活の中の気配り

C **○○くんのまわりは友だちでいっぱいです** ➡ ○○くんはいつも友だちの輪の中心にいます／○○くんのまわりはいつもにぎやかです

エピソード⑦ 整理整頓

机の中が、いつもきれいに整頓されている。物を置く場所を一つひとつ決めて、必ずそこにしまっている。

POINT

きれいに整頓されている事実だけでなく、そのために心がけている普段の様子を具体的に伝えることで、その子のよさが伝わるようにします。

文例① 整然としている机の中は、いつも学級の憧れの的です。物のしまう場所をしっかりと決めて、必ずそこに戻すという方法を、まねしてみたいという友だちがたくさんいます。友だちに囲まれたときの笑顔は、**自信にあふれています**[A]。

文例② ○○さんの机の中はいつもきれいに整理されていて、**気持ちのよい机環境**[B]が学習意欲につながっているようです。「使ったら元の場所に戻す」「大きさを揃えて整理する」ことを徹底していて、**普段から整理整頓を意識して物を大切に使っている**[C]ことが伝わってきます。

言い換え表現

A **自信にあふれています** ➡ 嬉しそうでした

B **気持ちのよい机環境** ➡ きれいな机

C **普段から整理整頓を意識して物を大切に使っている** ➡ 物を大事にしようと考えて整理整頓をしている

Type 10 人望がある子

目立たないが、縁の下の力持ちとしてクラスを支える

エピソード1 朝の会

朝の会では、決まって気持ちのよいあいさつから始められる。出席の確認で名前を呼ばれた友だちも、思わず笑顔で応えてしまう。

POINT
いつも笑顔を絶やさず、周囲に明るい気持ちを分けてあげられる前向きな姿勢を評価します。一人の明るさが、クラスに広がっていることを伝えます。

文例① 日直で前に立つと、元気なあいさつでクラスを明るい雰囲気に包んでくれます。出席確認で名前を呼ばれた友だちも、**元気をもらって**[A]思わず笑顔で「はい！」と大きな声で応えます。

文例② 日直になったときの出席確認では、名前を呼ばれる友だちにも、元気で明るい気持ちが伝わり、朝の教室に**爽やかな笑顔**[B]が次々と広がっていきます。

言い換え表現

A **元気をもらって** ➡ 元気が伝わり

B **爽やかな笑顔** ➡ 楽しい一日が始まる予感

エピソード2 給食 休み時間

困っている友だちのところには、誰よりも早く助けに行くことができた。

POINT
友だちに対する声かけがやさしかったり、困っている友だちをすぐに助けることができたりするなど、友だちを大切にする姿勢を評価します。

文例① 誰に対しても公平な見方ができるので、クラス遊びはみんなが心地よく、満足のいくかたちで楽しむことができます。**○○さんのまわりには笑い声が絶えません**[A]。

文例② 友だちが給食をこぼしても、さり気なく手伝うことができます。面倒なことも嫌がらずに行動に移せるので、友だちから**信頼される**[B]存在になっています。

言い換え表現

A **○○さんのまわりには笑い声が絶えません** ➡ ○○さんはムードメーカー的存在です／○○さんは頼りにされています

B **信頼される** ➡ 尊敬される／慕われている

エピソード❸ 休み時間

多くの友だちに囲まれて、いつも遊びの中心にいます。

POINT

休み時間になると、「ドッジボールしよう」などと声をかけて校庭遊びをしています。たくさんの友だちが集まって遊ぶことができる人望の厚さを評価します。

文例① 休み時間になると、たくさんの友だちと一緒に校庭に飛び出します。○○さんは、いつもその中心にいて、楽しそうに遊んでいます。友だちの気持ちを汲み取って行動できるので、**みんなに信頼されています**[A]。

文例② 「一緒に遊ぼう！」○○さんの声かけで、クラスメイトが一斉に校庭に飛び出していきます。トラブルも上手に解決できるので、クラスの中心的な存在です。人の気持ちを大事にできるところが**信頼を得ることにつながっています**[B]。

文例③ **人に対して温かく穏やかな**[C]○○くんは、休み時間になるといつもたくさんの友だちに囲まれて楽しそうです。友だちのよくない行動も上手にやさしく注意することができるので、まわりからの信頼が厚いです。

言い換え表現

A **みんなに信頼されています** ➡ みんなに一目置かれています

B **信頼を得ることにつながっています** ➡ 友だちをひきつけているのだと思います

C **人に対して温かく穏やかな** ➡ みんなに好かれている

エピソード④ 掃除

自分のことだけでなく、まわりにも目を向けて行動し、人のためになることを進んで行うことができた。

POINT

人のためになることを進んで行える子は、友だちからの信頼も非常に厚いです。その人望がある理由を、子どもの具体的な姿から伝えます。

文例① 自分の掃除が終わっても、他のグループのお手伝いを率先して行いました。自分のことだけでなく、まわりにも目を向けることができるようになりました。○○さんの気配りで、掃除も早くきれいに終えることができ、**クラスの友だちから感謝される**[A]場面が増えました。

文例② 「人の役に立つことをする」という学期初めの宣言通り、気づいたら「自分がやる」というスタンスで生活することができました。掃除の時間も、人手が足りない清掃場所に出張して、自らが先頭に立って掃除をしました。困っている仲間に進んで手を差し伸べることができ、**友だちからの信頼感も抜群です**[B]。

文例③ 掃除の時間になると、教室がきれいになった後に隣のワークスペースや廊下のごみを見つけて隅々まできれいにすることができました。毎日の仕事を**しっかりと当たり前にやり通す**[C]、仕事への責任感が育っており、みんなのお手本となっています。

言い換え表現

A **クラスの友だちから感謝される** ➡ クラスの友だちから認められる
B **友だちからの信頼感も抜群です** ➡ 友だちからの信頼が厚いです
C **しっかりと当たり前にやり通す** ➡ いつもの通りにやり通す

エピソード⑤ 生活態度

明朗快活でやさしく、善悪の判断を的確にすることができる。

POINT

まわりに流されず的確に状況判断ができる力や、友だちから信頼されている人間性やリーダー性を伝えられるようにします。

文例① 学習でも遊びでも、最後までルールを守って真剣に取り組み、**相手の気持ちを考えながら**[A]「悪いことは悪い、よいことはよい」と伝えることができます。

文例② 友だちが困っているときには、ずっとそばに寄り添い、やさしく静かに話を聞きながら励ましていました。誰に対しても思いやりのある行動をとることのできる○○**さんがいると、みんながやさしい気持ちになります**[B]。

言い換え表現

A 相手の気持ちを考えながら ➡ 誰に対しても公平な態度で

B ○○さんがいると、みんながやさしい気持ちになります ➡ ○○さんのまわりには、やさしい気持ちが広がっています

エピソード⑥ 生活態度

人によって態度を変えることなく、はっきりと自分の考えを述べることができた。

● POINT

「人によって態度を変えないこと」「ダメなものはダメと言えること」など、人望がある理由を具体的に書くとよいでしょう。そのよさを前面に出した所見にします。

文例① 誰に対しても公平な見方で接し、**相手のよさを自然に見つけられる確かな目をもっています**[A]。クラスでトラブルがあったときも、常に中立の立場で話を聞くことができ、人望が厚いです。

文例② はっきり自分の意見を述べることができます。「ダメなことはダメ」と言える勇気と**公平・公正な判断力**[B]があり、**みんなの信頼を集めています**[C]。

言い換え表現

A 相手のよさを自然に見つけられる確かな目をもっています ➡ 友だちのよい部分を見つけ、引き出す力をもっています

B 公平・公正な判断力 ➡ 人によって態度を変えない判断力

C みんなの信頼を集めています ➡ まわりからの信頼感は抜群です

Type 11 特別な支援で力を発揮できる子

サポートがあれば、前向きに取り組むことができる

エピソード❶ 朝の会

日直のとき、みんなが聞こえるような大きな声で、朝の会や帰りの会の司会をすることができる。

POINT
日直として堂々とあいさつができたことや、帰りの会の司会を務めたことなど、その点を認める評価をします。

文例① 日直のときには、大きな声で朝の会や帰りの会の司会をしたり、あいさつの号令をかけたりすることができました。当たり前のことを当たり前にできるところが、**○○くんの素敵なところです**[A]。

文例② 日直としてみんなの前に立ってあいさつをするときには、自分も姿勢を正し、みんなのほうを見て大きな声であいさつすることができます。**基本的なことを気持ちよく行う**[B]ことの大切さが伝わってきます。

言い換え表現

A **～が、○○くんの素敵なところです** ➡ ～を○○くんの自信にしてほしいと思います

B **基本的なことを気持ちよく行う** ➡ 人としての基本がきちんとできる

エピソード❷ 給食

おかわりのジャンケンで負けても、気持ちを切り替えることができた。

POINT
気持ちの切り替えによって、自分もみんなも気持ちよく過ごせるようになることを伝え、本人の励みとなるようにします。

文例① 給食のおかわりジャンケンで負けてしまうことがあっても、「仕方ない、また明日ジャンケンしよう！」と、すぐに自分の席に戻ることができました。**気持ちを切り替える**[A]ことで、自分もみんなも気持ちよく過ごすことができる心地よさを感じることができました。

文例② 給食のおかわりジャンケンで、負けてしまうことがありました。そこでの嫌な気持ちを引きずることなく、友だちと笑顔で続きの食事を楽しむことができました。**まわりに広がる笑顔**[B]から、気持ちを切り替える心地よさを感じているようです。

言い換え表現

A **気持ちを切り替える** ➡ 嫌な素振りを見せない

B **まわりに広がる笑顔** ➡ みんなが喜ぶ様子

エピソード③ 休み時間　生活態度

好奇心旺盛でさまざまなことに興味をもつが、今では何をする時間か考えながら行動できるようになってきた。

POINT

好奇心旺盛でどんなことにも興味を示すことを認めるとよいでしょう。そのうえで、話を聞くとき、作業をするとき、遊ぶときなどその場に応じて適した行動ができるようになったことを評価します。

文例① 休み時間は、ホウセンカの水やりを欠かしたことがありません。**決められた時間になると、きちんと仕事をする姿が立派です**[A]。ぐんぐん伸びるくきや花びらを興味深そうにじっと観察し、花を育てる楽しさを味わっていました。

文例② 好奇心旺盛でさまざまなことに興味を示すことができます。「今は、話を聞くとき」「今は、遊ぶとき」というように何度もくり返し練習することで、授業中に離席することもなくなり、**落ち着いて話を聞くこと**[B]ができるようになってきました。

言い換え表現

A **決められた時間になると、きちんと仕事をする姿が立派です** ➡ 自分の仕事を覚え、忘れずに行うことができます

B **落ち着いて話を聞くこと** ➡ 人の目を見て話を聞くこと／姿勢を正しくして授業を受けること

エピソード④ 掃除 給食

取りかかるまでに時間がかかっても、友だちの励ましを受けて頑張るようになった。

POINT

取りかかるまでの時間が早くなったことを評価します。また、友だちの励ましなど、その子に対するまわりの反応などもあわせて伝えます。

文例① 掃除の時間を意識し、給食当番の片づけを誰よりも速く行えるようになりました。**汗をかきながら頑張る姿**[A]を見た友だちに、「○○さんって掃除が上手だね」とほめられています。

文例② 友だちの励ましもあり、取りかかるまでのスピードが速くなりました。掃除に遅れず参加しようと、給食も時間までに食べようとするなど、**見通しをもった行動ができるようになり成長が見られます**[B]。

言い換え表現

A **汗をかきながら頑張る姿** ➡ 一生懸命行う姿

B **見通しをもった行動ができるようになり成長が見られます** ➡ 先のことまで見通して行動できるようになったことは素晴らしいことです

エピソード⑤ 手伝い

下校時、流しのマットがずれていると、いつも進んで直していた。

POINT

ゴミが落ちていたり汚れていたりしているところを素通りするのではなく、よいことを自分で考えて行動に移すことができる素直な心を評価します。

文例① 廊下のマットがずれていることに気づくと、自然と手を伸ばしてきれいに直していました。**気づいたことをすぐに実行に移せる姿が、クラスのお手本になりました**[A]。

文例② 教室や廊下にゴミが落ちていると、素通りせず拾っています。流しのマットがずれていたときも、しゃがんで直していました。**自分にできることを自然と行動に移すことができる、素直な心をもっています**[B]。

文例③　放課後、○○さんが1年生の靴箱の靴を全部出して小ぼうきで砂をとっていました。その後、靴のかかとを揃えてきれいに並べ、そっと下校していった姿に、**1年生に対するやさしさを感じました**[C]。

言い換え表現

A 気づいたことをすぐに実行に移せる姿が、クラスのお手本になりました
➡ 行動に移すことができ、高学年に向けての心の成長を感じます

B 自分にできることを自然と行動に移すことができる、素直な心をもっています ➡ 気づいたことを行動に移せる素直な心を、これからももち続けてほしいと思います

C 1年生に対するやさしさを感じました ➡ ○○さんの成長を感じました

エピソード⑥ 生活態度

身のまわりの整頓をする際、自主的に配付物のプリントを手に取り、きちんと角を合わせながら、丁寧にたたんでいた。

POINT
自分でポイントをおさえながら配布物のプリントをきれいにたためたことを評価します。保護者に子どもの成長が具体的に伝わる所見となるようにします。

文例①　手紙が配布されると、「角と角を合わせて」と、揃えるポイントを意識しながら、丁寧にたたむ姿が見られます。きれいになった紙を見て、とても嬉しそうです。**自分にできることを確実に行う習慣が身についてきています**[A]。

文例②　きれいにたためた手紙を、ニコニコしながら見せにくるようになりました。角を合わせたことを説明する姿から、**○○さんの自信が伝わってきます**[B]。一つひとつ意識してできたことを認め、さらなる意欲にしていきます。

文例③　配布されたプリントを、角と角をピタリと合わせてきれいにたたむことができました。「きちんとたたむと気持ちがいいね」という言葉から、**できるようになった喜びが伝わってきました**[C]。

言い換え表現

A 自分にできることを確実に行う習慣が身についてきています ➡ 当たり前のことができるようになっています

B ○○さんの自信が伝わってきます ➡ ○○さんができることを実感しています

C できるようになった喜びが伝わってきました ➡ できたという自信が伝わってきました

エピソード⑦ 生活態度

感情をコントロールすることができるようになり、落ち着いて生活ができるようになった。

POINT
感情のコントロールができるようになり、落ち着いて生活することができるようになったことを評価し、保護者に伝えます。

文例① 学校生活において落ち着いて行動できるようになりました。**感情のコントロールが上手にできるようになり**[A]、落ち着いて学校生活を送れるようになり成長が見られます。

文例② 自分の感情をコントロールすることで友だちと仲よくできることに気づきました。コントロールが上手になったおかげで、**学校生活を落ち着いて送ることができました**[B]。

文例③ **学校生活のさまざまな場面**[C]で、自分で感情を調節することができるようになりました。学習や係活動の仕事に取り組む姿勢も変わり、成長を感じます。

言い換え表現

A 感情のコントロールが上手にできるようになり ➡ 行動が気分に左右されなくなり

B 学校生活を落ち着いて送ることができました ➡ 学校生活を楽しく過ごすことができました

C 学校生活のさまざまな場面 ➡ 学校生活全般

Type 12 所見を書きにくい子

その子なりの頑張りや努力が見えにくい

エピソード① 給食

給食が苦手な子も、声かけを続けることで少しずつ進歩が見られた。

POINT

誰にでも苦手なことはありますが、丁寧に見ていれば、日々成長していることがわかります。小さなことでも努力の成果であることを認めて評価します。

文例① 1学期の後半から、給食中は**時間を意識しながら確実に食べること**[A]ができるようになりました。○○さんの成長を感じます。

文例② 給食の時間には、苦手な野菜にも挑戦し、少しずつ食べられるようになりました。「ぼく、給食がちゃんと食べられるようになったよ」と、笑顔で教えてくれました。**つくる人たちの気持ちを理解して食べようと努力しています**[B]。

言い換え表現

A **時間を意識しながら確実に食べること** ➡ 給食の時間内に食べ終わること

B **つくる人たちの気持ちを理解して食べようと努力しています** ➡ 苦手なものを克服しようとする向上心があります

エピソード② 掃除

自分の役割をしっかり果たすだけでなく、自主的にきれいな環境をつくることを心がけた。

POINT

自分の役割をきちんとやり遂げたこと、まわりのために自分にできることをしたことなど、小さな進歩を見逃さないようにします。所見を書きにくい子ほど日常から注意して見ていくことが大切です。

文例① 掃除の時間には、ごみの分別処理やぞうきんがけなど、分担した仕事を最後まで**やり遂げる**[A]ことができました。掃除が終わった後、教室がきれいになった様子を見て「スッキリした」と笑顔で話していた姿が印象的でした。

文例 ② 自分の清掃担当場所でなくてもゴミを拾ったり、校外に出かけたときは落ちていた空き缶を進んで集めたりするなど、隅々まで目を光らせて生活する習慣が身についています。学校内外問わず、学校や地域がきれいな状態に保たれるよう**自分にできることを考えて行動する**[B]ことができました。

言い換え表現

A やり遂げる ➡ 責任をもってこなす

B 自分にできることを考えて行動する ➡ できることを見つけて実践する

エピソード③ 休み時間

一人でいることが多い子が、少しずつクラスに慣れ、友だちと仲よく遊ぶ姿が見られるようになった。

POINT

少しずつ学級に溶け込み、友だちと仲よく生活していることを伝えると保護者は安心します。子どもの学級での人間関係が良好であることを伝えます。

文例 ① クラス替え直後は、これまで同じクラスだった友だちと一緒にいることが多かったのですが、今のクラスにも少しずつ溶け込み、休み時間も新しい友だちと仲よく過ごせるようになりました。**○○さんのまわりには、いつも笑顔があふれています**[A]。

文例 ② 今のクラスにも慣れ、友だちと過ごす時間が以前よりも増えてきました。休み時間には元気よく外に飛び出し、男女分け隔てなく**新しい友だちの輪を広げています**[B]。

言い換え表現

A ○○さんのまわりには、いつも笑顔があふれています ➡ ○○さんのまわりには、いつも笑いが絶えません／○○さんはたくさんの友だちに囲まれています

B 新しい友だちの輪を広げています ➡ 新しい友だちと仲よく遊んでいます

生活

Type 12

所見を書きにくい子

エピソード❹ 生活態度

まわりに対して自己表現をすることは少ないが、見通しをもった生活を送れるようになった。

POINT
目立たなくても、日常の生活場面から、確実にできていることを見つけて評価します。担任がしっかりとその子を見ていることが伝わるようにします。

文例① 空いている時間に連絡帳を書いたり、やりかけの課題を進めたりするなど、自分のやるべきことを見つけて動くことが何度もありました。**計画的に物事を進められるようになってきています**[A]。

文例② スキマ時間ができると、自分のやるべきことを見つけて取り組んでいます。連絡帳記入や授業の準備、教室移動など、**見通しをもって取り組む生活習慣が身についています**[B]。

言い換え表現

A **計画的に物事を進められるようになってきています** ➡ 見通しをもって取り組めるようになってきています／やるべきことをスムーズに進める力が身につきました

B **見通しをもって取り組む生活習慣が身についています** ➡ 身のまわりのことができています

エピソード❺ 生活態度

昼夜逆転の生活になっていて、朝起きられず、欠席や遅刻をすることがある。

POINT
保護者の方にも気をつけてもらいたい生活習慣や課題をきちんと伝えると同時に、登校を促すと遅れても登校できたことなど、よい面を評価する記述も加えます。

文例① 水泳に興味をもち、水泳の授業があるときは朝から張りきって登校することができます。**生活リズムをつけて、朝すっきり起きられるように声をかけていきます**[A]。

文例② 電話連絡すると、遅れても登校することができます。登校しなければという意識はありますので、遅れても毎日登校することを目標に**励ましていきます**[B]。

言い換え表現

A 生活リズムをつけて、朝すっきり起きられるように声をかけていきます
➡ ゲームの時間などルールを決め、就寝時間を見直していきましょう

B 励ましていきます ➡ ご家庭で協力して生活リズムを整えていきましょう

エピソード⑥ 生活態度

忘れ物が多く整理整頓が苦手だったが、直そうとする姿勢が身についた。

POINT

基本的生活習慣のひとつである「整理整頓」や「忘れ物をしない」という力がだんだんと身についてきたことを評価します。今後も生活するうえで大切な力なので、子どもの確実な成長の様子を伝えます。

文例① 休み時間のうちに机の上と道具箱の整理整頓を行うことができるようになりました。机の上も中もきれいに片づいていて、**すっきりとした気持ちで学習に取り組むことができています**[A]。

文例② 2学期になって、「忘れ物をしないようにしよう」という約束をしてから、忘れ物がぐんと減りました。宿題も頑張って出そうという気持ちが強まりました。**自分がやらなければいけないことをやろうとする気持ち**[B]が育っています。

言い換え表現

A すっきりとした気持ちで学習に取り組むことができています ➡ 身のまわりの整理整頓を心がけることができています／気持ちよく学習に取り組むことができています

B 自分がやらなければいけないことをやろうとする気持ち ➡ 目の前の課題を克服しようとする意欲

Type 01 こつこつ頑張る子

目立たないけれど、課題はしっかりやる

エピソード❶ 運動会

リレーのバトンの渡し方を、休み時間などを利用して何度も練習し、本番では成功させることができた。

POINT
最後まで諦めずに目標を達成しようとする子どもの熱い思いを評価することで、粘り強い子どもに育てたいという思いが伝わるように書きます。

文例① なかなかスムーズにできなかったリレーのバトンの受け渡しですが、前後の走順の人とともに空き時間を見つけて**粘り強く練習を行いました**[A]。最後までやり遂げる根気強さが身についています。

文例② リレーバトンの受け渡しがなかなかうまくいかないもどかしさを感じながらも、最後までやり遂げる姿に、大きな成長を感じます。何度も練習を重ねる○○さんの**姿勢は見ている人に感動を与えました**[B]。

言い換え表現

A **粘り強く練習を行いました** ➡ 練習に励みました／努力を惜しみませんでした

B **姿勢は見ている人に感動を与えました** ➡ 姿からは「やればできる」と自信がついたことが伝わってきます

エピソード❷ 運動会

「絶対に1位になりたい！」という思いを達成させるために、練習でも本番でも強い気持ちで力を出しきった。

POINT
負けず嫌いで、常に強気でいられる意志の強さを評価します。また、足が速いという特性を自己肯定感として感じている子どもの頑張りを認めると、より意欲を高めます。

文例① 運動会の「80ｍ走」では、「絶対に1位になるぞ！」と強い思いをもって、練習でも本番でも全力を出しきりました。歯を食いしばり、腕を大きく振りまっすぐ前を見て走ることで、見事1位をとることができ、**大きな自信となりました**[A]。

文例 ② 運動会の「徒競走」で、「スタートは、前傾姿勢でしっかり地面を蹴る」「カーブは、体を内側に傾ける」など**に注意して**[B]、一生懸命練習に励むことができました。**観点 3**

言い換え表現

A 大きな自信となりました ➡ 勝つ喜びを味わうことができました／努力がみのった喜びを感じていました

B ～に注意して ➡ ～のポイントをおさえて

エピソード ③ 学芸会

学芸会に向けて、進んで練習に取り組み、希望の役につき、劇を成功させることができた。

POINT
オーディションや本番の成功に向けた過程の姿を評価することで、粘り強く取り組むことの大切さを伝え、さらなる意欲につなげていけるようにします。

文例 ① 学芸会では、時間を見つけては、抑揚のつけ方や間のとり方に気をつけて台詞の練習に取り組みました。オーディションでは練習の成果を発揮し、希望の役につくことができました。役が決まった後も、練習をさらに重ねる姿に、**役への強い自覚を感じました**[A]。

文例 ② 時間を見つけては、学芸会の本番に向けて練習に取り組みました。間のとり方や抑揚のつけ方など、**一生懸命取り組む姿**[B]には、役を成功させたいという責任感が感じられました。

言い換え表現

A 役への強い自覚を感じました ➡ 役への強いやる気が伝わってきました／役への強い決意を感じました

B 一生懸命取り組む姿 ➡ 欠点を懸命に直していく態度

エピソード④ 展覧会

課題に対して、素直に向き合うことができた。自分の納得がいくまで、根気強く作品づくりに取り組むことができた。

POINT
まわりの子どもたちのペースに左右されることなく、最後まで自分のペースで、納得がいくまで努力する姿から、本人の強い意志を見出して評価します。

文例① 展覧会の立体作品「カラフルな鳥」の制作では、何百枚もの和紙を**根気強く**[A]貼り続けました。「穴があったら、後で色を塗るときに大変だから、きっちり貼りつけるよ」と言いながら、ひとつの穴も許さない完璧な作品に仕立て、達成感を味わいました。**観点3**

文例② 展覧会の立体作品「ゆかいなお面」の制作では、基本となる細い工作用紙を曲げたり丸くしたりしながら、**でき上がった様子を想像して工夫を加えて**[B]つくり上げました。最後の色塗りの工程でも、黄色、赤、青、白などたくさんの色を組み合わせ、最後まで気を抜かずにカラフルで迫力のある作品を完成させることができました。**観点3**

言い換え表現

A **根気強く** ➡ 最後まで諦めることなく

B **でき上がった様子を想像して工夫を加えて** ➡ どんな作品になるだろうとワクワクしながら考えて

エピソード⑤ マラソン大会

マラソン大会に向けて、目標を決めて取り組むことができた。

POINT
持久走に対して自分で目標を決めてこつこつ努力する姿勢と実行力を評価します。

文例① 持久走では、マラソンカードの目標距離の完走に向けて一生懸命練習していました。すぐに達成できるものではないと自分で時間配分を考え、毎日**こつこつと進める**[A]ことができました。**観点3**

文例② 持久走では、マラソンカードの目標距離を完走しました。早朝に

登校し、計画的に毎日少しずつ**走り続ける強い意志と向上心が、素晴らしいです**[B]。観点 3

言い換え表現

A こつこつと進める ➡ 自分のペースを保って進める

B 走り続ける強い意志と向上心が、素晴らしいです ➡ 走り続ける姿には、努力を続けることができる意志の強さを感じます

エピソード❻ ふれあい給食

「ふれあい給食」では、相手を歓迎する温かい心をもちながら準備ができた。

● POINT

相手に喜んでもらえるよう、目立たないところでも、自分にできることを考えて実践する心情を評価します。

文例① 地域の老人ホームの方々を招待した「ふれあい給食」では、お年寄りに負担をかけないように、そっと手を引いてあげたり、横について体を支えてあげたりするなど、ゲストの方々と**やさしい気持ちでふれあう**[A]ことができました。

文例② 「ふれあい給食」では、お招きした地域の老人ホームの方々にどうしたら笑顔になってもらえるかを考え、**温かい心で交流する**[B]ことができました。また、教室の飾りつけやネームプレートづくりなど事前の準備にも力を入れていました。

文例③ 地域の老人ホームの方との「ふれあい給食」では、どうしたらゲストに心地よく感じてもらえるのかを考え、**実践する**[C]ことができました。障害物になる机や椅子を避けてそっと手を引いてあげるなど、さり気ないやさしさに感心しました。

言い換え表現

A やさしい気持ちでふれあう ➡ 思いやりをもって接する／相手の立場に寄り添って交流する

B 温かい心で交流する ➡ 他者を思う気持ちをもってふれあう

C 実践する ➡ 行動に移す

観点1…知識・理解／観点2…思考・判断・表現／観点3…主体的に学習に取り組む態度

Type 02 一芸に秀でた子

キラリと光る得意なことをもっている

エピソード❶ 運動会

花笠の踊りで練習を重ねて、みんなのお手本となるほど上手に踊ることができた。

POINT

リズム感があり、踊りがうまいことを伝えます。そして、きちんと努力して振りつけを覚えたことを評価します。

文例① **体が柔軟でリズム感のある○○さんは**[A]、花笠の踊りでも大きい動きでしっかりと足を伸ばして踊ることができました。毎日取り組んだ振りつけをしっかりと覚え、何度も練習してみんなのお手本になりました。運動会への強い意欲を感じます。

文例② 体育の表現では毎日一生懸命練習し、手足をしっかり伸ばし力を入れて花笠を止め、大きく踊ることができました。放課後の練習を終えて、汗をいっぱいかき爽やかな笑顔を見せるなど、**努力することの楽しさを味わっていました**[B]。

言い換え表現

A **体が柔軟でリズム感のある○○さんは** ➡ ○○さんは身体能力が優れていて／技を巧みにこなす能力をもつ○○さんは

B **努力することの楽しさを味わっていました** ➡ 進んで覚えようとする意志を感じました／積極的になし遂げようとする思いが伝わりました／達成感を楽しんでいました

エピソード❷ 子ども祭り

絵やデザインが得意で、運動会のスローガンや子ども祭りのポスターを、見事に仕上げた。

POINT

垂れ幕やポスターをつくるときの字体や色など、絶妙なセンスを発揮して素晴らしい仕上がりになったことを伝えます。

文例① 絵を描いたりデザインしたりすることが大好きで、オリジナリティあふれる素晴らしい作品を仕上げることができました。運動会で窓に貼られた○○さんのプログラムには、**みんなが拍手を送りました**[A]。

文例② 子ども祭りのお店をPRするポスターは、○○さんのアイデアで素晴らしい出来映えとなりました。**作品づくりをしているときは真剣そのもので**[B]、あふれ出るアイデアは天性のものです。

言い換え表現

A **みんなが拍手を送りました** ➡ 観客の目を釘づけにしました

B **作品づくりをしているときは真剣そのもので** ➡ 作品づくりに取り組みながら目を輝かせていて

エピソード③ 学芸会

学芸会の道具係として、放課後遅くまで残り、段取りよく準備をすることができた。

POINT

作った小道具の出来映えだけでなく、その準備の工程がうまくできることも、ひとつの秀でた能力です。道具係の仕事に取り組み、段取りよく準備できたことを評価します。

文例① 放課後、毎日のように一生懸命小道具を作りました。○○さんは、**中心的な役割を担い**[A]、**段取りよく**[B]友だちに指示を出しながら作業を進めていきました。その姿に**責任感を感じました**[C]。

文例② 見本の絵をもとに、段ボールに下書きをするのと同時に、必要な絵の具の色をつくり**段取りよく作業が進められるように**[D]工夫をしました。○○さんのおかげで、本番までに小道具を作り上げることができました。

言い換え表現

A **中心的な役割を担い** ➡ リーダーとしてクラスをまとめ

B **段取りよく** ➡ てきぱきと

C **責任感を感じました** ➡ 多くの友だちが信頼感を深めました

D **段取りよく作業が進められるように** ➡ 見通しをもって作業が進められるように

エピソード④ 学芸会

学芸会に向けて練習から本番まで真剣に臨み、本番も堂々と演じた。また、自分の台詞以外の場面も動きを考えて、劇を成功させようとしていた。

POINT
本番だけでなく、役に自ら立候補した積極性や、台詞や立ち位置などの練習にも真剣に取り組んで劇を成功させようとしていた様子を伝えられるように評価します。

文例① 学芸会ではオープニング役に立候補し、練習では自分の台詞の行間を意識しながら立ち位置や動きを考えていました。**大きな声で張りのある堂々とした台詞は劇の幕開けにふさわしく、観客の気持ちを一気にひきつけました**[A]。

文例② 学芸会では自分の台詞がない場面でも、友だちと立ち位置や動きを考えて工夫していました。本番では自信をもって演技することができ、**真剣に練習を積み重ねた成果が表れました**[B]。

言い換え表現

A **大きな声で張りのある堂々とした台詞は劇の幕開けにふさわしく、観客の気持ちを一気にひきつけました** ➡ 堂々とした見事な演技に、真剣に練習を重ねてきた成果を感じました

B **真剣に練習を積み重ねた成果が表れました** ➡ 劇を盛り上げました

エピソード⑤ 展覧会

展覧会に向けて、得意の筆づかいで、色とりどりでダイナミックな作品を完成させることができた。

POINT
展覧会で素晴らしい作品に仕上げたことを評価します。そして、まわりの友だちの反応を入れることで、その作品のよさが、実感をもって伝わるようにします。

文例① 展覧会に向けた作品制作では、勢いのある筆づかいで絵を完成させました。展示された絵を見て「うわ！　すごい！」「模様がかっこいいな!!」と**友だちから驚きの声が上がる**[A]ほど、迫力のある作品となりました。

文例② 展覧会の絵画作品では、得意の絵筆を使って、のびのびと画用紙いっぱいに描くことができました。展覧会当日には、下級生から上級生まで、「きれいだな」「すごいな」と、**作品の前で足を止める人**[B]がたくさんいるほどの仕上がりでした。

言い換え表現

A **友だちから驚きの声が上がる** ➡ 友だちにほめられる
B **作品の前で足を止める人** ➡ 作品に注目する人

エピソード⑥ 6年生を送る会

合奏で、木琴に立候補し、練習をくり返すことで確実に演奏することができた。

POINT
あえて得意のピアノではない楽器に挑戦したこと、習得のために練習をくり返したことを評価することで、子どもの励みとなるようにします。

文例① 6年生を送る会の合奏では、木琴にチャレンジしました。ミニ木琴を家にまで持ち帰って**演奏に磨きをかける**[A]ことで、本番は自信あふれる演奏を披露することができました。観点3

文例② 6年生を送る会の合奏では、木琴に立候補しました。休み時間のたびに意欲的に練習に取り組むことで、得意なピアノに負けないくらい、**滑らかな演奏に仕上げる**[B]ことができました。観点3

文例③ 6年生を送る会の合奏では、得意のピアノではなく木琴にチャレンジしました。練習のときから、自分のパートだけではなく、まわりの音やリズムをしっかり聴いて合わせていたので、**本番できれいなハーモニーを奏でることができました**[C]。

言い換え表現

A **演奏に磨きをかける** ➡ 練習をくり返す／練習に意欲的に取り組む
B **滑らかな演奏に仕上げる** ➡ 正しく演奏する／自信あふれる演奏をする
C **本番できれいなハーモニーを奏でることができました** ➡ 演奏は大成功となりました

行事 Type 02 一芸に秀でた子

Type 03 知識が豊富な子

勉強に限らず、興味・関心が高い

エピソード❶ 遠足

異学年交流では、持ち前の知識量を生かして人の役に立つ喜びを感じることができた。

●POINT
豊富な知識をただもっているだけでなく、それを生かして人の役に立てていることを評価します。こうした交流は、自分にも相手にも生きていきます。

文例① 学年がひとつ下のパートナーの友だちと一緒に動物園へ行ったときには、**もち前の豊富な知識を生かして**[A]、たくさんの動物の習性などを教えてあげることができました。年下の友だちに対して**親切に接していこうという姿勢**[B]が感じられます。

文例② 遠足で植物園に行ったときに、異学年の友だちと交流しながら「これはガクアジサイで、こっちはネムノキという名前だよ」と、やさしく丁寧に説明していました。**日頃から植物に関心をもって学んでいる成果を発揮し**[C]、人の役に立つ喜びを感じることができました。

言い換え表現

A **もち前の豊富な知識を生かして** ➡ 知っていることを思い出しながら

B **親切に接していこうという姿勢** ➡ わかりやすく説明しようという姿勢

C **日頃から植物に関心をもって学んでいる成果を発揮し** ➡ 植物の知識を惜しげもなく教え

エピソード❷ 校外学習

清掃工場の見学で、ごみの分別や「3つのR」について知っていることをクラスに広げた。

●POINT
学習の中で話を聞きもらさないようにと一生懸命説明を聞く態度や、さらに自分で調べてみようとする姿勢など、主体的に活動する様子を評価するようにします。

文例① 清掃工場の見学をきっかけに、リユース、リデュース、リサイクルの「3つのR」について調べました。○○くんが主体的に獲得した知識を、みんなに紹介したことで、**学級全体に学びが広がりました**[A]。**観点3**

文例② 見学先では、真剣に話を聞き、メモをしっかりと取ることができました。ごみの分別について説明を聞いたことや再利用について自分が知っていることなどを記事にして、社会科見学新聞に**得た知識をまとめることができました**[B]。

言い換え表現

A 学級全体に学びが広がりました ➡ クラスのみんなで学びを共有することができました

B 得た知識をまとめることができました ➡ 学んだことを整理することができました

エピソード③ 子ども祭り

子ども祭りで行うお店のやり方を図鑑などで調べ、友だちに提案していた。

POINT
よりよくするための積極性や、自分で行うためにと調べるなどの主体性に注目して、評価します。

文例① 子ども祭りでは、スライムのお店を担当しました。準備する材料や作り方をインターネットや図書館で調べて、みんなに教えてくれました。**材料によってほかにもさまざまな遊び方ができることを説明しました**[A]。

文例② お店をやるのに必要な材料の分量や上手につくるコツを、インターネットで調べました。そして、それを実際にお家で試してから、**自信をもって**[B]クラスの仲間に紹介しました。

言い換え表現

A 材料によってほかにもさまざまな遊び方ができることを説明しました ➡ 材料を生かした楽しい遊びがたくさんできることを紹介しました

B 自信をもって ➡ 満を持して

観点1…知識・理解／**観点2**…思考・判断・表現／**観点3**…主体的に学習に取り組む態度

エピソード❹ 学芸会

学芸会の役になりきるために、声質、表情、身振りにこだわり、練習に取り組んだ。

POINT

学芸会の役の仕上がりのみでなく練習過程を評価します。その際に、自分自身で役に合わせて創意工夫したことなど、保護者が具体的にイメージできるように記述するとよいでしょう。

文例① 学芸会の練習では、魔法使いになりきるために、図書室で魔女や魔法使いの関連書を探し、イメージを膨らませました。声のトーンの上げ下げや、表情や身振りを研究しながらいくつも行い、**試行錯誤しながら**[A]劇を仕上げました。

文例② 学芸会の練習では、グループになり、友だちの演技の「よいところ見つけ」を進んで行いました。「○○さんの動きは～なのでよかったと思います」と具体的に根拠をもって発言し、**真似し合う**[B]ことで、**お互いに高め合う**[C]ことができました。

言い換え表現

A **試行錯誤しながら** ➡ いろいろなやり方で挑戦して／諦めずに試しながら

B **真似し合う** ➡ ほめ合う

C **お互いに高め合う** ➡ 友だちのよさを認め合う

エピソード❺ 展覧会

細部まで注意を払いながら、最後まで作品づくりに取り組むことができた。

POINT

展覧会の作品は、制作過程こそが評価の対象です。でき上がりを予想して作品づくりに取り組むことのできる想像力の高さや観察力を評価します。

文例① 展覧会に向けて、本を持つ自分の手の向きや顔のパーツを鏡に映して何度も確認しながら自分をモデルにした紙版画をつくりました。印刷する前から版画に見られる画の反転や凹凸にも気を配り、**満足できる作品に仕上げることができました**[A]。 **観点3**

文例 ② 展覧会に向けて「○○○」の紙版画を作る際、画や凹凸が反転して写ることを常に考えながら取り組みました。本を持つ自分の右手を表すにはどのようにすればよいのか、手の向きを鏡に映しながら注意深く観察し、**動きのある版画**[B]をつくることができました。**観点3**

言い換え表現

A 満足できる作品に仕上げることができました ➡ 想像どおりの絵を完成させることができました／達成感を味わいました

B 動きのある版画 ➡ 躍動感のある作品／ダイナミックな版画

エピソード⑥ ふれあい給食

「ふれあい給食」で、地域の方に喜んでもらおうと、積極的にかかわった。

POINT

機転を利かせてお客さまと会話をし、お客さまに満足してもらうようにもてなすことができたことを評価します。

文例 ① 「ふれあい給食」では、お客さまをエスコートして席に案内し、会食のときに進んで会話をするなど、**積極的に交流を深めることができました**[A]。お客さまが喜ぶ様子を自分のことのように喜ぶ姿から、今回の**体験が自信になっていくことが想像できました**[B]。

文例 ② 「ふれあい給食」では、会の進行役に立候補し、お客さまを満足させるように自分からかかわることができました。歌をうたうときもお客さまの顔を見て感謝の気持ちを伝えることができました。学校生活について**詳しく説明している姿**[C]は、自信に満ちあふれていました。

言い換え表現

A 積極的に交流を深めることができました ➡ コミュニケーションを図ることができました

B 体験が自信になっていくことが想像できました ➡ 体験によって自信をもてたことが感じ取れました

C 詳しく説明している姿 ➡ わかりやすく話をしている様子

Type 04 発想が豊かな子

ひらめき力があり、人と違う視点で発想できる

エピソード❶ 遠足

動物園への遠足で、見たい動物を効率よく見てまわるコースを考えた。

POINT
みんなの見たい動物を見ることができ、充実した遠足になった事実を伝えることで、その子の発想のよさに光が当たるようにします。

文例① 遠足のコース決めでは、見たい動物を効率よく見てまわるために、**周回するコースを提案しました**[A]。事前にインターネットなどでよく調べ、当日は「やった！　時間通りに全部見てまわれた!!」と、達成感を味わっていました。

文例② 遠足のコース決めでは、「ぐるっとまわって行けば、うまくいくんじゃないかな」と、効率よくまわるためのコースを提案しました。当日、たくさんの動物と出会えたこのコースは友だちからも評判で、**充実した遠足となりました**[B]。

言い換え表現

A **周回するコースを提案しました** ➡ どのように見てまわるか考えて意見を言いました

B **充実した遠足となりました** ➡ 満足のいく遠足にすることができました

エピソード❷ 校外学習

校外学習の体験を通して感じたことを自分の言葉で表現することができた。

POINT
体験したことを自分の言葉で素直に表現できる子どもらしさと、感受性の豊かさに着目します。子どもが話した言葉を引用すると、保護者に子どもの様子がよく伝わります。

文例① 校外学習では、「土の上は温かかったけど、掘ってみたら冷たかった」「つぼみは、ソフトクリームのうずまきみたい」と感想を話していました。**表現力が豊かで、素直な感受性が伝わってきます**[A]。**観点2**

文例② 校外学習では、「イモは1個ずつできるんじゃなくて、何個もつながっているんだね」と、予想との違いから**イモの生育の様子を学ぶことができました**[B]。**観点2**

言い換え表現

A **表現力が豊かで、素直な感受性が伝わってきます** ➡ 見たことや感じたことを素直に自分の言葉で話すことができ、豊かな表現力が育っていることがわかります

B **イモの生育の様子を学ぶことができました** ➡ イモの育ち方をよく観察することができました

エピソード③ 子ども祭り

材料集めで、同じ大きさの箱を集めればよいことに気づき、見通しをもって活動することができた。

POINT

その子のアイデアによって、活動が効率的になったことを伝え、自分の発想をみんなの活動に役立てようという意欲をもたせます。

文例① 子ども祭りの準備では、段ボールはどこのお店でも同じ大きさのほうがよいことに気づき、みんなと設計図を書き材料を集めていました。規格を揃えることで、**見通しをもった活動にすることができました**[A]。

文例② 子ども祭りの準備では、同じ大きさの箱を集めれば、お店がつくりやすいことに気づきました。目的意識をもって箱を集めてくることができ、学級全体の準備が**スムーズに進みました**[B]。

言い換え表現

A **見通しをもった活動にすることができました** ➡ 計画的に活動を進められました／目的意識をもって取り組むことができました

B **スムーズに進みました** ➡ 効率よく進みました

エピソード④ 学芸会

学芸会に向けて、役になりきって練習を重ねていき、本番では会場をわかせることができた。

POINT
自分の役がどういう役かを考え、感情を込めて演じ、観客を楽しませることができた発想力の高さを評価します。

文例① 学芸会では、役になりきり大いに会場をわかせました。練習段階ではどう演じればいいか、悩みながら練習を重ねていきましたが、練習ごとに少しずつ動きを変え工夫を加えました。学芸会では**発想力が豊かな○○くんの力が大いに発揮されました**[A]。

文例② 学芸会では、準主役の務めをしっかりと果たしました。役が決まった瞬間から**自分の役はどういう性格なのかを考え**[B]、自分の動きに取り入れていきました。その成果が本番では見事に発揮され、会場を大いに盛り上げることができました。

言い換え表現

A **発想力が豊かな○○くんの力が大いに発揮されました** ➡ ○○くんのよさが十分に生かされました

B **自分の役はどういう性格なのかを考え** ➡ 役の人物像をとらえ

エピソード⑤ 学芸会

学芸会の舞台で使う大道具、小道具を進んで考えて、作ることができた。

POINT
学芸会の劇で使う大道具や小道具の重要性にすぐに気づき、丁寧に作ることができました。細かなところにも目を向け、劇を成功へと導いたことを評価するとよいでしょう。

文例① 学芸会の練習では、魔女が旅するときの背景図（場面絵）が必要だといち早く気がつき、友だちと協力して、イマジネーションが膨らむ素敵な場面絵を作成しました。1枚1枚、場面に応じた絵にする**発想の豊かさに感心しました**[A]。

文例② 学芸会の練習では、小道具作りにも目を向けました。自分の役だけではなく、友だちの役でも必要な小道具のアドバイスをすることができました。身近にあるもので**小道具を作ろうとする発想の柔軟さにも驚かされました**[B]。

言い換え表現

A **発想の豊かさに感心しました** ➡ アイデアの豊富さに驚かされました

B **小道具を作ろうとする発想の柔軟さにも驚かされました** ➡ 小道具作りの思考力に長けていることに感心しました

エピソード⑥ 展覧会

友だちの作品の素晴らしいところに気づき、相手に伝えることができた。

POINT

人や物に対していいところを見つけられることは、発想力が豊かな子どもならではです。よく気づいていること、よく見ていることなどを評価します。

文例① 展覧会で、作品のよいところを伝える「いいねカード」の活動では、友だちの作品の素晴らしいところにいち早く気がつきました。**友だちのよいところや特徴をつかむのが上手です**[A]。

文例② 展覧会で、友だちの作品の色や形などをよく見てほめ、それを聞いた友だちもとても喜んでいました。**○○さんは、人の長所に気づく力が優れています**[B]。

言い換え表現

A **友だちのよいところや特徴をつかむのが上手です** ➡ 友だちの長所を見つけるその目のつけどころには感心します

B **○○さんは、人の長所に気づく力が優れています** ➡ ○○さんには、相手のよさに気づく発想力があります

Type 05 まわりのために動ける子

周囲の状況に気配りができ、献身的に動ける

エピソード❶ 運動会

自分はけがをして運動会に出られなかったが、クラスのみんなにお守りを作った。

● POINT

自分はけがをしてしまって出られないぶん、お守りを作ってクラスメイトを応援しようとした尊い気持ちを丁寧にくみ取り、評価します。

文例 ① 運動会で、自分はけがをして競技に出られないのにもかかわらず、運動会でみんながベストを尽くせるように応援しようと考え、お守りを作りました。クラスメイトを思う温かい気持ちが**伝わってきます**[A]。

文例 ② 運動会に参加できずくやしい思いをしましたが、気持ちを上手に切り替え、「今の自分にできること」を考えて、クラスのみんなにお守りを作りました。団体演技で、みんながそれを握りしめて心をひとつにする場面もありました。○○さんの思いが、**運動会を成功に導いた**[B]のだと感じています。

言い換え表現

A 伝わってきます ➡ 伝わり感動しました

B 運動会を成功に導いた ➡ 見事な演技を実現させた

エピソード❷ 学芸会

劇が成功するように、見えないところで仲間を支えることができた。

● POINT

見えない部分で働く子どももいます。見えない部分をどのように評価したのかをわかりやすく書くことがポイントです。

文例 ① 学芸会では、自分の役だけでなく、大道具を進んで作ったり練習時から荷物や用具の運搬・整理をしたりするなど、「縁の下の力持ち」として活躍することができ、**頼もしさを感じました**[A]。

文例② 学芸会では、裏方の役割にも進んで取り組みました。依頼された仕事に対して、それ以上の仕事ぶりで応えようとする姿に、もうすぐ高**学年になる自覚が表れています**[B]。

文例③ 学芸会では、裏方の仕事である音響と大道具の仕事を兼任し、空いている時間に道具の準備を率先して行いました。時間的にも厳しい中で、弱音を吐かずに劇の成功を願って**ひたむきに**[C]準備を進めていく姿が輝いていました。

言い換え表現

A 頼もしさを感じました ➡ 誇りに思いました／心強く思いました

B 高学年になる自覚が表れています ➡ 内面の成長を感じます

C ひたむきに ➡ 地道に

エピソード③ 学芸会

次の練習で使えるように、放課後や休み時間に、進んで大道具を作った。

POINT

時間がかかっても、一生懸命道具作りをしていた様子や、次の練習で使えるように友だちのことを考えて準備できたことを伝えます。

文例① 学芸会では、○○○や△△△などの大道具を作るために、放課後まで残って作業を進めました。**限られた時間で練習がスムーズに進められた**[A]のは、○○さんのおかげです。

文例② 学芸会に向けて、大道具作りを積極的に手伝ってくれました。「次の練習で使えるといいよね」と話しながら、**休み時間や放課後も進んで作業を進めました**[B]。

言い換え表現

A 限られた時間で練習がスムーズに進められた ➡ 本番までの少ない時間の中で充実した練習ができた

B 休み時間や放課後も進んで作業を進めました ➡ 限られた時間を有効に使って準備を進めることができました／先を見通しながら作業を進めていました

エピソード④ マラソン大会

マラソン月間では、周囲の友だちも巻き込みながら活躍していた。

POINT
朝早くから目標に向かって運動に取り組み、見ている周囲の友だちも奮起してしまうほど一生懸命に走る姿を評価します。

文例① マラソン月間では、毎朝早く学校へ来て走り続け、マラソンカードは6枚目まで達成することができました。カードがどんどん進むのでクラスの新聞にも載り、「ぼくも頑張ろう」と走る人が増えました。**運動することの楽しさ**[A]をクラスに広げてくれました。

文例② マラソン月間では、**走るのが苦手な友だち**[B]のところへ行き、「一緒に走ろうよ」と声をかけました。○○さんがどんどんマラソンカードの級を合格していくので、「私も3枚目のカードをもらいたい」と言って頑張る人が増えています。

言い換え表現

A 運動することの楽しさ ➡ みんなを巻き込みながらの運動ブーム
B 走るのが苦手な友だち ➡ 走るのが得意ではない友だち

エピソード⑤ 6年生を送る会

自分にできることを考え、行動に移すことができた。卒業生が喜んでくれることを目標に、一生懸命自分の役割を果たした。

POINT
まわりのためにどのようなことをしたのか、具体的な姿から評価します。その姿から担任が感じたことなどを添えると、よりいきいきとした所見になります。

文例① 6年生を送る会の合奏練習では、自分の担当以外の楽器も率先して運ぶなど、陰から活動を支えました。卒業する6年生のために自分にできることを精一杯しようとする姿から**「絶対に成功させたい」という熱い思い**[A]が伝わりました。

文例② 6年生を送る会の合唱の練習で、歌詞を覚えられない子と一緒に特訓をしていました。「**困ったときは助け合わないといけない**[B]」という振り返りからも、自分がすべきことをよく理解していることがわかります。

言い換え表現

A「絶対に成功させたい」という熱い思い ➡「卒業生を喜ばせたい」という真剣な気持ち

B 困ったときは助け合わないといけない ➡ 不得意なことはお互い助け合うべき

エピソード❻ 周年行事

50周年の節目に在籍していることに心から感謝し、愛校心をもつことができた。

POINT
周年行事などに、なかなか巡り合うことはありませんが、学校の歴史を見つめ、愛校心を育むという意味では大切な行事です。その節目に在校できたことを誇りに思っている様子を伝えます。

文例① ○○小50周年記念集会では、体育館前に飾りをつけたり大きな声で校歌をうたったりして、感謝の気持ちを表しました。「○○小の歴史がこの先もずっと続くといいな」とつぶやく姿がとても印象的でした。なかなか巡り合うことのないこの行事を通して、**学校をもっと大切にしていこうとする心情が芽生えています**[A]。

文例② 記念式典に向けて、学校のよいところや知らせたいことなどをよく考えて決め、わかりやすく紹介文を書くことができました。自分の作品ができると、作品を集めて並べるなどの仕事を進んで行うことができました。率先して働く○○さんの姿が、**みんなで式典を成功させようという気持ちを高めていました**[B]。

言い換え表現

A 学校をもっと大切にしていこうとする心情が芽生えています ➡ 学校を大切にしようと思う気持ちや愛校心が育っているのを感じます

B みんなで式典を成功させようという気持ちを高めていました ➡ みんなでお祝いしようという気持ちを盛り上げました

Type 06 クラスをまとめる子

段取りがよく、リーダーシップを発揮できる

エピソード❶ クラス替え

クラス替えの直後に、堂々と自己紹介をすることができた。

POINT
クラス発表は、子どもたちにとって緊張の一瞬です。その直後に誰よりも先に自己紹介ができる度胸や、そのリーダー性を評価します。

文例① 明るく親しみやすい性格なので、男女問わず誰とでも仲よくなることができます。新学期の自己紹介にも真っ先に名乗り出て**堂々と発表する**[A]ことができました。

文例② クラス替え直後から、誰とでも平等にかかわることができ、**クラスをまとめるリーダー**[B]となっています。初日の自己紹介でも、誰よりも先に堂々と自己をアピールすることができました。

言い換え表現

A 堂々と発表する ➡ 臆せず発表する／はっきりとアピールする

B クラスをまとめるリーダー ➡ 学級の中心となる存在／みんなの司令塔

エピソード❷ 遠足

遠足で、リーダーとしてグループをまとめることができた。

POINT
活動の様子と、まわりの友だちの反応を具体的に書くことで、その子が信頼されている様子が伝わるようにします。

文例① 異学年の友だちと一緒に行く「なかよし遠足」では、グループ長になりました。**きちんと下級生の面倒をみる**[A]ことができたので、「楽しい遠足だったよ、ありがとう」と**感謝されていました**[B]。

文例② 遠足で、一人もはぐれないように確認したり、「次は、どこに行く？」とみんなの思いを確認したりと、リーダーシップを発揮していました。**友だちからの信頼も厚く**[C]、みんなが楽しめる遠足となりました。

言い換え表現

A **きちんと下級生の面倒をみる** ➡ 下級生にやさしく接する

B **感謝されていました** ➡ 慕われていました

C **友だちからの信頼も厚く** ➡ 友だちから頼りにされており

エピソード③ 学芸会

仲間のアイデアを大切にし、責任をもって劇をつくりあげることができた。

POINT

大きく堂々とした動作で演技する楽しさを仲間に広めた様子を、児童の具体的な言葉から明らかにし、評価します。

文例① 友だちのアイデアを「それ、いいね！」と言って取り上げ、楽しみながら高め合う雰囲気を生み出しました。◯◯さんのおかげで、**見どころ満載の劇**[A]をつくり上げることができました。

文例② 自分の考えで押し切るのではなく、「おもしろそうだね」と言って**友だちのアイデアをうまく取り上げました**[B]。そして、いきいきとした場面をつくり上げることができました。

言い換え表現

A **見どころ満載の劇** ➡ 楽しさがつまった舞台

B **友だちのアイデアをうまく取り上げました** ➡ 仲間の意見を大切にしていました

エピソード④ なわとび大会

クラスの長なわとびの記録を伸ばそうと、みんなに声をかけて積極的に練習を行い、まとめることができた。

POINT

行事のときには、クラスのリーダーになる子が必ずいます。できるだけ具体的に書くことで自信をもち、別の場面でもリーダーシップをとれるようになります。

文例① 長なわとびの回し手として、練習前日にみんなに声をかけたり、反省会を開いたりして、**記録更新へつなげる**[A]ことができました。

文例② なわとび大会の練習では、コツを伝え、みんなを引っ張りました。○○さんの献身的な姿に、次第に練習希望者も増え、**クラスに一体感がうまれました**[B]。その結果、見事に新記録を更新することができました。

言い換え表現

A **記録更新へつなげる** ➡ 目標を達成させる

B **クラスに一体感がうまれました** ➡ クラスが一致団結しました

エピソード⑤ ふれあい給食

温かい気持ちで高齢者の方や地域の方をもてなし、ふれあいの中でリーダーシップを発揮することができた。

POINT

他者との交流の機会を通して、どのような活動をしたのかを具体的に伝えます。また、その活動を価値づけることで、その子にさらなる意欲をもたせるように評価します。

文例① 「ふれあい給食」では、進んで実行委員となり、歓迎の歌や手作りメニューを考えました。当日はたくさんのお礼の言葉をいただき、嬉しそうな表情から、**達成感を感じたことが伝わってきました**[A]。

文例② 「ふれあい給食」の準備では、まずお客さまの名札をつくることから始めました。一人ひとりの名札をフルネームで丁寧に仕上げる姿から、○○さんの**やさしさが感じられました**[B]。

言い換え表現

A **達成感を感じたことが伝わってきました** ➡ 大きな喜びが見て取れました

B **やさしさが感じられました** ➡ 人を思いやる気持ちが伝わってきました

エピソード⑥ 地域清掃

地域清掃の活動で、学校のまわりをきれいにするために、みんなをリードした。

POINT

リードした結果、地域がきれいになったことを伝えることで、その子のリーダーシップが、よさとして効果的に伝わるようにします。

文例① 地域清掃では、進んで清掃活動に取り組みました。「こっちに落ち葉がたくさんあるよ」「ここもきれいにしよう」と指示を出し、**その意欲をみんなにも広げ、活動を楽しいものにしました**[A]。

文例② 地域清掃では、清掃活動に熱心に取り組みました。友だちを率先垂範し、ゴミが落ちていない道路を見て「自分たちの力で町をきれいにできるんだね！」と、**喜びを分かち合うことができました**[B]。

言い換え表現

A **その意欲をみんなにも広げ、活動を楽しいものにしました** ➡ みんなをやる気にさせながら楽しく取り組むことができました

B **喜びを分かち合うことができました** ➡ みんなでやり遂げた喜びを感じることができました

エピソード⑦ 中学校訪問

中学生との交流のときに、グループの代表としてみんなをまとめることができた。

POINT
受け身になって中学生に教えてもらうだけではなく、自分たちのグループをまとめ、お礼の気持ちをもって、伝えることができたことを評価します。

文例① 中学生との交流のとき、小学生グループのリーダーとしてみんなの考えをまとめました。協力してつくったコンフィチュールをおいしく食べながら、中学生と**交流することの楽しさを味わう**[A]ことができました。

文例② 中学生との交流会のお礼に、蒸しパンをつくろうとアイデアを出してクラスのみんなで取り組みました。**「ありがとう」の思いを込めてつくり**[B]、お礼の言葉を添えて笑顔で手渡すことができました。

言い換え表現

A **交流することの楽しさを味わう** ➡ 仲よくすることのよさを実感する

B **「ありがとう」の思いを込めてつくり** ➡ お礼の気持ちを込めてつくり

Type 07

積極的に自己表現できる子

自分なりの思いや考えをさまざまに表現できる

エピソード❶ 運動会

運動会の表現の練習では、誰よりも早く正確に振りつけを覚え、いきいきと踊ることができた。

● POINT

持ち前の運動神経を生かして集中して練習し、のびのびと踊れたことを評価します。また、積極的に練習して努力していることも伝えます。

文例① 「エイサー」の練習では、**手の形や足をしっかり曲げることに気をつけながら**[A]、何度もくり返し踊っていました。また、正確に覚えた振りつけにもとづいて、「手を上げながら顔は横に向けるといいよ」と、友だちにやさしく教えることができました。

文例② 体が柔らかい○○さんは、「ソーラン節」を**のびのびと大きな動きで**[B]、しっかりと手足を伸ばして踊ることができました。上級生に教えてもらった振りつけを上手に踊れるまで何度も練習するなど、運動への強い意欲を感じます。

言い換え表現

A **手の形や足をしっかり曲げることに気をつけながら** ➡ つま先まで神経を行き届かせながら

B **のびのびと大きな動きで** ➡ 細やかで丁寧な動きで

エピソード❷ 運動会

運動会のダンスでリズムにのって元気よく踊った。手先の伸ばし方などがみんなの手本になった。

● POINT

恥ずかしがらず自分の最高の演技を見せようとする態度と、ダンスでの具体的な児童の様子や変化を評価します。

文例① 運動会のダンスで、手を伸ばすところ、ピタッと止まるところなど、細かなところまで意識して踊ることができました。その動きは、明るい笑顔とともに表現され、**見る人の胸に感動を呼びました**[A]。観点3

文例② 運動会のダンスでは、いつでも**最高の演技を見せようとする強い思い**[B]が感じられました。伸ばした手先や先を見据える視線などで表現され、見ている人の胸に感動を呼びました。観点3

言い換え表現

A 見る人の胸に感動を呼びました ➡ 見ている人の心を動かしました

B 最高の演技を見せようとする強い思い ➡ いい演技をしたいという意志

エピソード③ 校外学習

校外学習でお世話になった方へ、心を込めてお礼の手紙を書くことができた。

POINT

心のこもった手紙を書けたことはもちろん、受け取った相手の気持ちを考えて工夫することができる思いやりの気持ちを評価します。

文例① お世話になった方にお礼状を書くときは、受け取る相手のことを考えながら、表紙を細かな貼り絵で仕上げたり似顔絵を描いたりしました。ひと手間かかることへの労力を惜しまず、**楽しんで活動に取り組むことができました**[A]。

文例② 校外学習でお世話になった地域の方へお礼の手紙を書く係に立候補しました。一緒に過ごした時間のエピソードやそのときの気持ちを織り交ぜた手紙は、**受け取る相手の気持ちを思いやるやさしい文面で書かれていました**[B]。

言い換え表現

A 楽しんで活動に取り組むことができました ➡ 楽しんで活動に取り組む○○さんのやさしさが伝わってきました

B 受け取る相手の気持ちを思いやるやさしい文面で書かれていました ➡ その文面から、一緒に過ごした時間の楽しさを共有したいという素直でやさしい思いが伝わってきました

エピソード❹ 学芸会

学芸会で中心的な役になり、日に日に上達して素晴らしい演技を披露することができた。

POINT

練習を重ねていくことで自信をもち始め、表現することの楽しさを感じられるほど成長できたことを保護者に伝えます。

文例① 場面練習を全力で行いました。自分の役はどういう性格でどういう立場なのかを考え、声の強弱や表情・動きで表現しました。この学芸会をきっかけに、**大きく成長することができた**[A]ことが伝わってきました。

文例② 学芸会に向けて練習を重ねていくことで、自分がこの劇で果たすべき役割を十分に理解できました。学芸会の取り組みを通して、**自分の殻を一枚打ち破る**[B]ことができました。

言い換え表現

A 大きく成長することができた ➡ ひとまわり大きく成長した

B 自分の殻を一枚打ち破る ➡ 新たな自分と出会う

エピソード❺ 学芸会

学芸会で△△の役に取り組み、心のこもった演技を披露し、観客から注目を浴びた。

POINT

豊かな表現からくる演技の巧みさとともに、本番に向けて練習に丁寧に取り組んでいた努力を評価することで、子どもにとって嬉しい所見となるようにします。

文例① 学芸会では、おしょうさんの役に取り組みました。声はもちろん、表情から動きまでおしょうさんのように振る舞うことを目標に練習を重ね、**本番では観ている人を物語の世界にひき込みました**[A]。

文例② 学芸会では、笑い方から表情まで、すべてが本物のおしょうさんのようで、見る人をひきつけました。練習から一つひとつの動きにこだわって**取り組んだ成果が実を結びました**[B]。

文例③ 学芸会では、あえてたくさんの台詞と歌がある役に挑戦し、大変な練習を乗り越えました。**舞台で演じる姿は、輝いていました**[C]。

文例④ 学芸会で、目立つ役に挑戦したいという持ち前の積極性で、見事主役に選ばれました。堂々と演技する○○さんの姿は、**たくさんの人の感動を呼びました**[D]。

言い換え表現

A 本番では観ている人を物語の世界にひき込みました ➡ お客さまに喜ばれました

B 取り組んだ成果が実を結びました ➡ 取り組み、力を出しきりました

C 舞台で演じる姿は、輝いていました ➡ 堂々と演じる姿が立派でした

D たくさんの人の感動を呼びました ➡ 観客たちの涙を誘いました

エピソード⑥ 展覧会

前向きに造形活動に取り組み、展覧会の作品づくりを通して、自分の思いや考えを作品に表現できるようになった。

POINT
図工などの造形活動は、その子の個性が作品に出やすい活動です。そのよさにしっかりと目を向けて評価することが大切です。

文例① 展覧会の作品づくりでは、心に思い浮かべたものを絵や図に描きとめながら、夢の世界のイメージを固めていくことができました。**制作過程で変化していく自分のイメージに合わせて**[A]、柔軟に計画を変更し、1枚の作品に仕上げました。**観点2**

文例② 失敗を恐れず「まずやってみよう」という前向きな姿勢で、次々と**発想豊かな造形活動**[B]をくり広げています。色を混ぜて新しい色をつくったり、水の加減を工夫したりして、思いのままに色を組み合わせて平面作品を仕上げることができました。**観点2**

言い換え表現

A 制作過程で変化していく自分のイメージに合わせて ➡ つくりながら自分の思いが交錯する中で

B 発想豊かな造形活動 ➡ 発想力にあふれる造形活動

Type 08 友だちとのかかわりがよくできる子

フレンドリーで、誰とでも自然に仲よくできる

エピソード❶ クラス替え

クラス替えの後、積極的に話しかけて新しい友だちをたくさんつくった。

POINT
その子自身がもっているよさと実際の行動を伝えることで、具体性がぐっと増します。休み時間に、友だちとどんなことをして遊んでいるかなどを詳しく書くと、さらにわかりやすい所見となります。

文例① 明るい性格とこだわらない人柄で、男女問わず自分から積極的に声をかける姿が印象的です。クラスにもすぐに溶け込んで休み時間は大勢で遊び、**新しい友だちの輪を広げました**[A]。

文例② クラス替え直後から、ドッジボールなどを通して、みんなと分け隔てなく遊んでいます。誰とでも平等にかかわっていて、**クラスの中心的な存在となっています**[B]。

言い換え表現

A **新しい友だちの輪を広げました** ➡ 仲よく過ごすことができました／クラスの結束を深めるきっかけをつくりました

B **クラスの中心的な存在となっています** ➡ クラスの司令塔となってみんなを引っ張っています

エピソード❷ 1年生を迎える会

1年生を迎える会で、上級生の自覚をもち1年生と手をつないで入場した。

POINT
どのような気持ちで1年生とかかわろうとしているのか、1年生の世話を通して何を学んでいるのかを観察して評価します。

文例① 1年生を迎える会で、1年生と手をつないで花のアーチをくぐったときに、改めて上級生であることを自覚した○○さん。1年生にやさしく話しかける姿は**先輩としての自信があふれていました**[A]。

文例② 1年生を迎える会を通して、パートナーから「この人でよかった」「このお姉さんとまた遊びたい」と思ってもらえるように考えて行動していこうと考えた○○さん。いろいろな場面で**積極的に1年生とかかわる姿が頼もしい限りです**[B]。

言い換え表現

A **先輩としての自信があふれていました** ➡ 上級生としての意気込みが感じられました

B **積極的に1年生とかかわる姿が頼もしい限りです** ➡ 1年生と仲よく遊ぶ姿をほほえましく思いました

エピソード③ 遠足

遠足で、自分だけ楽しむのではなく、下学年のパートナーの希望も聞きながら、楽しく過ごすことができた。

POINT
かかわりの中でも特に、相手の思いを尊重していたことを評価することで、これからもよりよいかかわりをしていこうとする意欲をもたせます。

文例① 遠足では、一緒に過ごす下級生に進んで声をかけていました。自分のことを話すだけではなく、遊びや昼食の場所の希望を聞くなど、**下級生の気持ちに寄り添うようにして接する態度**[A]に上級生らしさが感じとれました。

文例② 遠足では、「何をして遊ぶ？」「昼食を一緒に食べたい子はいる？」などとパートナーに話しかけていました。相手の思いを尊重し、よい思い出をつくってあげようとする**上級生としての配慮が伝わってきました**[B]。

言い換え表現

A **下級生の気持ちに寄り添うようにして接する態度** ➡ 下級生の思いを尊重しようとする姿

B **上級生としての配慮が伝わってきました** ➡ 上級生らしいやさしさを感じます

エピソード❹ 遠足

普段、かかわりの少ない友だちに対しても、進んで声をかけ、みんなで楽しもうとする姿勢をもつことができた。

POINT
かかわりの少ない友だちに対しても、臆することなく声かけをする姿勢や、みんなで物事にかかわろうとする姿勢を評価するとよいでしょう。

文例① 遠足では、普段かかわりの少ない友だちに対しても「一緒にお弁当を食べようよ。だって遠足だもん。楽しい思い出をつくらなくちゃね」と声をかけていました。**みんなで楽しもうという強い意志を感じました**[A]。

文例② 遠足では、「次はどこで遊ぶ？　ブランコが空いているから、すぐ乗れそうだよ」とまわりに目を向けながら、**相手の思いを尊重して遊ぶ**[B]ことができました。上級生としての責任感を高めることができました。

言い換え表現

A みんなで楽しもうという強い意志を感じました ➡ 一度決めたことを貫く根気強さを感じました

B 相手の思いを尊重して遊ぶ ➡ 相手の思いを丁寧に聞いてあげる／相手の気持ちを大切にする

エピソード❺ 運動会

運動会の練習で、友だちと何度も踊りを教え合い、立派な演技に仕上げることができた。

POINT
友だちとのかかわり合いが、本番の成功につながったことを評価し、今後もかかわっていこうとする意欲になるようにします。

文例① 運動会では、ソーラン節の練習に一生懸命取り組みました。進んで友だちと教え合うことでお互いの踊りの質を高め、本番では、**力の込もった素晴らしい演技を披露する**[A]ことができました。**観点 2**

文例② 運動会のソーラン節の練習に、友だちと教え合いながら取り組みました。「もっと腰を落として」「そうそう、上手！」などと、友だちへのアドバイスを積極的に行ったことで、**学年に意欲が広がり**[B]、本番では一糸乱れぬ迫力ある集団演技を披露することができました。観点2

言い換え表現

A **力の込もった素晴らしい演技を披露する** ➡ 迫力ある演技で成功を収める

B **学年に意欲が広がり** ➡ みんなのやる気を起こし

エピソード⑥ 子ども祭り

子ども祭りでお客さまが楽しめる店にするために、自分自身もアイデアを出しながら、意見を集約することができた。

● POINT
自分のアイデアを推すだけでなく、みんなの意見を聞き、話し合いのリーダー的役割を果たしたことに着目します。

文例① 子ども祭りでは、どうしたらお客さまが楽しめるかを考えました。多くのアイデアを集約して**話し合いをまとめる**[A]ことができました。

文例② お客さまが心の底から楽しめるお店にするために、新しいゲームのアイデアをたくさん出しました。**意見をまとめていく際にはリーダー的な役割を果たし**[B]、本番を見事成功に導きました。

言い換え表現

A **話し合いをまとめる** ➡ 話し合いをリードする

B **意見をまとめていく際にはリーダー的な役割を果たし** ➡ リーダーシップをとりながらみんなの意見をまとめ

エピソード⑦ 子ども祭り

子ども祭りで、小さい子どもにも楽しんでもらおうと、ルールをやさしく説明してあげることができた。

● POINT
小さい子どもに合わせてゆっくりと話し、待ってあげられるやさしさを指摘します。小さな子の笑顔を自分の喜びととらえられた瞬間を細かに記述します。

文例① 子ども祭りでは、臨機応変に遊びのルールを変えて小さい子も楽しめる工夫をしました。小さなお客さまが帰るときには、**とても満足そうな笑顔で手を振っていました**[A]。

文例② 1年生でも楽しんでもらえるように、スタートの位置をこっそり近づけてあげていました。「うまくできた」と喜ぶ1年生と、「よかったね」と言い合って、**笑顔でハイタッチを交わしました**[B]。

言い換え表現

A **とても満足そうな笑顔で手を振っていました** ➡ 役に立てた喜びをその顔に浮かべて見送っていました

B **笑顔でハイタッチを交わしました** ➡ 喜びをともにしました

エピソード⑧ なわとび大会

Type 08

全校で行われる長なわ大会に向けての練習で、友だちを励ましながら、いつも明るく取り組んでいた。

POINT

学級全体で取り組むスポーツは、ムードメーカーの存在が必須です。練習の雰囲気を明るくしたり、友だちを励ましたりできるやさしさを評価します。

文例① 長なわ大会に向けて、みんなで頑張れるよう張りきって取り組んでいました。引っかかってしまう子がいても、**「大丈夫」「どんまい！」と明るく声をかけ**[A]、楽しく練習できるような雰囲気づくりをしています。

文例② 長なわ大会に向けての練習中、引っかかってしまう友だちがいても、責めることなく励ましました。**みんなで頑張ってこられたのは、○○さんの明るさの力が大きいと思います**[B]。

言い換え表現

A **「大丈夫」「どんまい！」と明るく声をかけ** ➡ 元気よく励まし

B **みんなで頑張ってこられたのは、○○さんの明るさの力が大きいと思います** ➡ ○○さんの明るい励ましで活気ある練習になり、クラスの記録が伸びてきています

Type 09 さまざまな場面でよさを発揮する子

テストの成績に表れない頑張りや努力ができる

エピソード❶ 1年生を迎える会

普段はあまり目立たない子が、ちょっとしたひと工夫を加えて、1年生を迎える会を成功に導いた。

POINT
普段の生活ではあまり目立たない子でも、行事では活躍する機会がたくさんあります。子どものよさを発見したり伸ばしたりできるよう、活動の様子を具体的に伝えます。

文例① 1年生を迎える会では、1年生のためにわかりやすく学校紹介をしました。1年生も楽しめるようにクイズ形式で行うなど相手の立場を考えたひと工夫が光りました。大喜びしている1年生の姿を見て、**充実感を味わえたようです**[A]。

文例② 1年生を迎える会では学校紹介のコーナーを担当し、クイズを取り入れ、模造紙に絵を描いて、わかりやすく紹介できました。緊張していた1年生にも笑みがこぼれ、**和やかな雰囲気をつくり上げました**[B]。

言い換え表現

A **充実感を味わえたようです** ➡ 達成感を感じていました

B **和やかな雰囲気をつくり上げました** ➡ 明るいムードに包まれました

エピソード❷ 運動会

持ち前の運動能力を生かし、運動会のリレーのキャプテンを務めてチームをまとめた。

POINT
運動能力のみならず、本番に至るまでの努力と、優勝したことをチームのみんなのおかげと感じることができた心の成長を保護者に伝えます。

文例① 運動会のリレーのチームのキャプテンを務め、練習から本気で取り組んでいました。ゴールしたときの輝く表情からも、**達成感を感じ取ることができました**[A]。

文例② 運動会のリレーでは、キャプテンを務めました。何度も話し合って走順を考えるなど、**リレーにかける思いがひしひしと伝わってきました**[B]。運動会後の作文には、みんなで頑張ったことへの思いが綴られていて、○○くんの心の成長を感じます。

文例③ 運動会の綱引きの練習で、並ぶ順番や引くタイミングなど、さまざまな提案をすることができました。綱を引くタイミングやかけ声などの**丁寧なアドバイスのおかげで**[C]、△組は優勝することができました。

言い換え表現

A 達成感を感じ取ることができました ➡ 充実感が見て取れました

B リレーにかける思いがひしひしと伝わってきました ➡ チームメイトと協力しながら日に日にチームの絆を深めていました

C 丁寧なアドバイスのおかげで ➡ 一人ひとりに合ったアドバイスをしてくれたので

エピソード③ 校外学習

校外学習では地域のことを学びたいという意欲をもって見学することができた。

POINT

課題をもって見学し、意欲的に取り組んでいたことを評価します。普段の授業ではあまり活発でない子でも、よく観察すると活動的な学習で力を発揮していることを伝えます。

文例① 社会科見学では、○○市にある郷土資料館や公園で多くのことを学びました。自分たちの地域の昔からの移り変わりについて学んだことをメモにとり、新聞にまとめました。新聞には、職員の方に聞いた内容がたくさん書いてあり、**地域について知りたいという意欲**[A]が成果として表れていました。**観点2**

文例② 地域のスーパーマーケットの見学では、「お店の裏側ではどんな仕事をしているのかな」と課題をもち、品物の入れ替えの仕方や働いている人の人数など、**お店の人にたくさんの質問をして**[B]理解を深めることができました。**観点2**

言い換え表現

A **地域について知りたいという意欲** ➡ 生まれ育った町を知りたいという好奇心

B **お店の人にたくさんの質問をして** ➡ お店の仕事の様子に興味をもって

エピソード④ 学芸会

学芸会で、CDをかける仕事をしっかりとこなし、役割を果たした。

POINT
学芸会の係では、タイミングよく音を流すなど、裏方の役割をしっかり果たしたことを評価して伝えます。

文例① 学芸会では、音を流す順番やタイミングなどをしっかりと覚え、○○さんの出した音が大きく響き渡りました[A]。責任をもって取り組んだことで、舞台を盛り上げることができました。

文例② 照明や音響などは目立たないけれど、学芸会にとってはたいへん大事な係です。○○さんはその仕事を希望し、役割を果たしました。縁の下の力持ちとして**活躍できるのは素晴らしいことです**[B]。

言い換え表現

A **○○さんの出した音が大きく響き渡りました** ➡ 音響係としての役割をしっかりこなしました

B **活躍できるのは素晴らしいことです** ➡ 仕事をする姿は友だちからの信頼を集めています

エピソード⑤ 子ども祭り

子ども祭りでは、「笑ってはいけない1分」というお店をし、お客さまを笑わせるためにネタを考え、練習していた。本番は、お客さまに応じた出し物でみんなを笑わせることができた。

POINT
笑わせることの難しさを感じながらも、お客さまに合った出し物で楽しませようと配慮できたことに注目します。子どもの楽しそうにしている様子がわかるように記述します。

文例① 子ども祭りでは、お客さまに応じて出し物や内容を変えていました。人を笑わせる難しさを感じつつも、**来てくれたお客さまを楽しませるために必死に頑張る姿**[A]が印象的でした。

文例② 事前にいくつも出し物のパターンを用意しておき、お客さまに合わせて出し物を変えていく様子は立派でした。はじめは恥ずかしさもあったようですが、**場数を踏むうちに**[B]、楽しみながらお客さまを笑わせることができるようになりました。

言い換え表現

A **来てくれたお客さまを楽しませるために必死に頑張る姿** ➡ お客さまを楽しませようと力を尽くす姿勢

B **場数を踏むうちに** ➡ 何度もくり返すうちに

エピソード❻ なわとび大会

なわとび大会では、「絶対勝つ！ みんなで頑張る！」という意志の強さをもって練習に励むことができた。

POINT
行事に対して非常に熱い気持ちをもてることを評価します。そしてそれが結果的に、クラスの雰囲気を高め、よい方向へと導いていることを伝えます。

文例① 長なわ大会では、「いつでも本気で頑張るぞ！ めざせ350回！」と**クラスみんなの意識を高める声かけ**[A]をすることができました。苦手意識をもつ友だちもやさしく励ましていました。

文例② 「長なわとび」の練習リーダーとなり、朝練習の計画を立て跳ぶ順番を決め、中心となって活躍しました。その結果、当日はクラスのベストを更新し、よい結果を残すことができました。**みんなのやる気を引き出す声かけは大変素晴らしいです**[B]。

文例③ 「長なわとび」のリーダーとなり、上手に跳べない友だちへのアドバイスを工夫したり、練習の計画を立てたりして、真剣に取り組みました。当日はクラスのベストを更新し、クラスの絆を深めることができました。**○○さんの根気強さには、感心します**[C]。

言い換え表現

A **クラスみんなの意識を高める声かけ** ➡ クラスの雰囲気を高める声かけ／みんなの団結力を高めるかけ声

B **みんなのやる気を引き出す声かけは大変素晴らしいです** ➡ ○○さんの声かけが大きな原動力になりました

C **○○さんの根気強さには、感心します** ➡ じっくりと待つ○○さんのよさが光っていました

エピソード⑦ 地域交流会

地域の方との交流会で、お客さまを丁寧に案内することができた。

POINT
お客さまへの細かい気配りや丁寧な言葉遣いができたことを認め、学習だけでは伝わらないその子のよさが伝わるような所見にします。

文例① 地域の方との交流会では、お客さまの案内係を務めました。「足元に気をつけてください」「こちらになります」などの**丁寧で細やかな対応**[A]に、お客さまも笑顔で会を楽しむことができました。

文例② 地域交流会では笑顔であいさつをし、お客さまに寄り添うように手をとって案内することができました。お客さまも安心した笑みを浮かべ、**○○さんのやさしさが、楽しい会に花を添えました**[B]。

文例③ 地域の方との「ふれあい給食」では、「招待状やネームカードをつくろう。喜ばれるようにわかりやすく丁寧な字で書こう」とアイデアを出し、時間を意識しながら、やるべきことを分担して手際よく準備を進めることができました。**先を予測して行動する力**[C]が育っています。

言い換え表現

A **丁寧で細やかな対応** ➡ 上手な応対

B **○○さんのやさしさが、楽しい会に花を添えました** ➡ やさしい○○さんのおかげで温かい会となりました

C **先を予測して行動する力** ➡ 計画的に行動する姿勢／慎重に行動する姿勢／積極的に行動する力

Type 10 人望がある子

目立たないが、縁の下の力持ちとしてクラスを支える

エピソード❶ 運動会

誰よりも早く練習場所に行き、一人でも練習を行う姿から、満場一致で運動会のリレーのチームリーダーになった。

POINT
日々の努力によって人望を集めたことを明らかにします。その子がどのように信頼されているか、具体的に伝えられるようにするといいでしょう。

文例① 運動会のリレーでは、チームリーダーに選ばれ、チームをひとつにまとめました。誰よりも早く練習場所に行って黙々と練習に取り組むなどの**ひたむきな姿勢**[A]が、チームメイトからの信頼を集めています。

文例② 運動会のリレーのチームリーダー決めでは、満場一致でリーダーに選ばれました。誰よりも早く練習場所に行き、懸命に練習を重ねる姿に信頼が寄せられているからです。選ばれたときには、**友だちから温かい拍手が送られました**[B]。

言い換え表現

A ひたむきな姿勢 ➡ 一生懸命に頑張る姿

B 友だちから温かい拍手が送られました ➡ みんなが納得していました

エピソード❷ 運動会

リレーの選手として納得できる走りを実現したいと練習を続けた。

POINT
リレーの選手になっても、まだまだ上をめざそうとする前向きな姿勢を評価します。自分で納得がいくまで頑張ることに価値があるということを伝えます。

文例① リレーの選手になっても、さらに上をめざそうと練習に打ち込む真剣な姿に、**学級が感化されて**[A]、みんなが頑張ろうとする意欲をもちました。

文例② 学年で最速の技術を身につけた後も、自分が納得できる走りをしたいと、**ひたむきに練習を続けました**[B]。その真剣な走りに、心を動かされて記録を伸ばす仲間がたくさん現れました。

言い換え表現

A 学級が感化されて ➡ クラスのみんなも力をもらって

B ひたむきに練習を続けました ➡ 諦めずくり返し練習しました

エピソード③ 学芸会

学芸会で主役になり、言葉ではなく行動で本気であることを示し、学年全体のやる気スイッチを入れた。

● POINT

本気であることを言葉ではなく行動で示すのは、なかなか難しいことです。学年全体の心を動かすほど影響を与えたことを明らかにし、保護者に伝えるとよいでしょう。

文例① 主役である○○さんの本気で取り組む姿をほかの子どもたちも目の当たりにし、**○年生全体のやる気スイッチを入れてくれました**[A]。苦しみながらも本気で取り組んだその先に楽しさがあるということを体感することができた学芸会になりました。

文例② 本気でやり遂げた先に本当の楽しさがあるということを学んだ学芸会でした。練習では、**本気で役にのめり込み、感情が高ぶって演技の最中に涙を流すこともありました**[B]。その姿を見た学年のみんなが自分たちも本気でやらなければと思うようになりました。

言い換え表現

A ○年生全体のやる気スイッチを入れてくれました ➡ 学年全体の意欲が高まりました

B 本気で役にのめり込み、感情が高ぶって演技の最中に涙を流すこともありました ➡ 役に入り込み真剣に演じていました

エピソード❹ なわとび大会

練習では、明るく元気に声をかけてみんなを盛り上げ、楽しく活動できるようにしていた。

● POINT
友だちを応援するやさしさやみんなで頑張ろうという気持ちを大切にできる協調性を評価し、伝えます。

文例① 長なわ大会に向けての練習中、上手に跳べるようになった友だちには「今のタイミングいいよ！」、失敗した友だちには**「大丈夫だよ！」と声をかけて練習を盛り上げました**[A]。そのやさしい励ましがクラスの好記録につながりました。

文例② 長なわの練習では、うまく跳べない友だちがいると必ず「大丈夫だよ！」などの励ましの声をかけていました。**みんなが楽しく練習に取り組めるような明るい雰囲気**[B]ができ、クラスの好記録につながりました。

言い換え表現

A **「大丈夫だよ！」と声をかけて練習を盛り上げました** ➡ 「どんまい！」という声かけがみんなの士気を高めました

B **みんなが楽しく練習に取り組めるような明るい雰囲気** ➡ 誰もが楽しいと感じ練習できるムード

エピソード❺ なわとび大会

学期に1回行われる「長なわ大会」で、長なわリーダーとしてクラスをまとめ、大会では最高記録を出した。

● POINT
大会に向けて、リーダーとして立派にクラスをまとめたことを称えます。結果だけでなく、細かい気配りをしながらどのようにまわりをサポートして信頼が寄せられていたかなど、その過程にもふれるとよいでしょう。

文例① 長なわリーダーとなり、朝練習をやる日、持ち手、跳ぶ順番、苦手な子への配慮など細部にわたり気を配って取り組んでいます。タイミングが合わない友だちには、うしろからポンと肩を押してあげるなど、絶妙なタイミングで**サポートする**[A]ことができます。

文例② 長なわリーダーとして、よりよい記録を出すための作戦を考えてきました。その熱意を感じ今まで朝練習に来なかった友だちが参加するようになり、とうとう学年1位の成績を出すことができました。**○○さんの根気強さのたまものです**[B]。

言い換え表現

A **サポートする** ➡ 手を貸す

B **○○さんの根気強さのたまものです** ➡ ○○さんのやる気がみんなに伝わったからだと思います

エピソード⑥ 6年生を送る会

6年生を送る会の練習で、練習開始前から自主練習に取り組んでいた。友だちはその努力を知っているので、意見を真剣に聞いていた。

POINT

その子の意見に影響力があるのは、地道な努力によるものであることを指摘します。そして、一つひとつ丁寧に取り組む本人の姿勢がさらに伸びるように具体的な様子を伝え、評価します。

文例① 6年生を送る会の練習では、開始前から一人で呼びかけの練習に取り組んでいます。その姿を見ているので、○○さんの意見には、みんなが**真剣な表情で聞き入ります**[A]。努力する姿勢がお手本となってみんなの信頼を得ているのだと思います。

文例② 6年生を送る会の呼びかけ練習では、○○さんの意見に異を唱える人がいません。練習開始前から、**一人でひたむきに発声練習に取り組む姿**[B]は、みんなのやる気を高める原動力になっています。行動で示せるところに、芯の強さが感じられます。

言い換え表現

A **真剣な表情で聞き入ります** ➡ 異を唱えることなく聞きます／耳を傾けます／うなずきます

B **一人でひたむきに発声練習に取り組む姿** ➡ 一人で一生懸命練習をする姿／率先して練習する様子

Type 11 特別な支援で力を発揮できる子

サポートがあれば、前向きに取り組むことができる

エピソード❶ 遠足

遠足では異学年を前にしてしっかりしようという気持ちが見られた。

● POINT
そばに年下の子がいるときにはしっかりしようという気持ちが芽生え、ひとつの目標を達成しようと努力するものです。そういう面を見つけて評価していきます。

文例① 遠足で公園に行ったときには、ゆっくり歩いている年下のパートナーのそばへ行って手を引きながら、「一緒に歩こう」とやさしく声かけすることができました。年下の友だちに接し、**自分がしっかりしていこうという気持ち**[A]が育ってきています。

文例② 遠足の事前学習では、「電車では話さない」「リュックは前に持って迷惑にならないようにする」などと、**目標を立てて参加することができました**[B]。乗車時間が長くても、めあてを守って努力できたことは成長の表れです。

言い換え表現

A 自分がしっかりしていこうという気持ち ➡ 責任感

B 目標を立てて参加することができました ➡ めあてをもって参加することができました

エピソード❷ 遠足

遠足のグループ行動で、自分の思いにこだわらず、友だちの意見も聞きながらルート決めに参加していた。

● POINT
自分の希望を言うばかりでなく、友だちの発言に耳を傾けていたことを評価し、友だちとかかわる力が育ってきていることを保護者に伝えます。

文例① 遠足のグループ行動では、**自分の行きたいルートにこだわる**[A]のではなく、友だちの提案をうなずきながら聞き、みんなが楽しめるルートにすることができました。相手の思いも大切にする姿勢が立派でした。

文例② 遠足では、グループの友だちが行きたいルートも聞きながら、順番が回ってくるのを待って、自分の希望を発言していました。**みんなで楽しい遠足にしようとする協調性**[B]が感じられました。

言い換え表現

A **自分の行きたいルートにこだわる** ➡ 言いたいことを主張する

B **みんなで楽しい遠足にしようとする協調性** ➡ 友だちの言うことに合わせようとする思い

エピソード③ 運動会

集団行動が苦手だったが、運動会のダンスで、力いっぱい踊ることができた。

POINT
運動会では学年全員でのダンスに参加し、みんなで心をひとつにして楽しく踊りきることができたことを評価します。

文例① 運動会の練習を始めた頃から、練習への取り組み方がどんどんよくなりました。学年全員での練習を続けるにつれて、「頑張ったら頑張ったぶんだけ楽しくなる」と言って、最後まで**諦めずに楽しく踊りきることができました**[A]。

文例② 運動会の練習では、暑さと疲れでくじけそうになりながらも、ダンスの練習をくり返し行いました。その中で、みんなで協力するなどの**集団行動のルール**[B]を学んだり、達成感を味わったりして、笑顔で運動会を終えることができました。

言い換え表現

A **諦めずに楽しく踊りきることができました** ➡ 最後まで笑顔で踊りきることができました／根気強く踊ることができました

B **集団行動のルール** ➡ 友だちと協力する大切さ／友だちと助け合う大切さ

エピソード❹ 学芸会

初めは台詞を言うタイミングが難しかったが、本番は場面に合った楽しい雰囲気をつくり出すことができた。

● POINT
練習のたびに言われるアドバイスをしっかりと心に留め、次の練習や本番に生かそうとしたことを評価します。

文例 ① 「楽しそうに動きをつけて言ってね」という**アドバイスを聞き入れて練習を重ねました**[A]。本番では、「パーティーが始まる楽しい雰囲気」という演技を、大きな動きを入れることで見事につくり上げました。

文例 ② 台詞を言うタイミングについての友だちからのアドバイスを聞き入れ、練習を重ねました。本番では、**楽しい場面の雰囲気をつくり上げる**[B]ことができました。

言い換え表現

A アドバイスを聞き入れて練習を重ねました ➡ アドバイスをされたことを心に留めて練習に臨みました

B 楽しい場面の雰囲気をつくり上げる ➡ ウキウキする場面の演技を披露する／登場人物になりきって演技をする

エピソード❺ スポーツ大会

大会に向けての集団での活動を通して、クラスの練習に一生懸命取り組んだ。

● POINT
大会に向けての集団での活動を通して、仲間とともに取り組む達成感を味わい、仲間との協調性が育っていることを評価します。

文例 ① ○○大会で好記録が出たときには、みんなと一緒に喜び、つらくても練習を頑張ってきた達成感を味わうことができました。苦手なことにも一生懸命取り組んできた成果です。これからもいろいろなことに**チャレンジする気持ちをもち続けてほしい**[A]と思います。

文例 ② ○○大会に向けて、クラスで決めた目標を意識しながら、練習に取り組んでいました。失敗してしまっても、友だちからの励ましやアドバイスに「ありがとう」と話し、大会当日にクラスの好記録が出たときには**みんなと一緒に喜び**[B]、達成感を味わうことができました。

言い換え表現

A チャレンジする気持ちをもち続けてほしい ➡ 挑戦しようという気持ちを大切にしてほしい

B みんなと一緒に喜び ➡ 喜びを分かち合い

エピソード⑥ ふれあい給食

地域の方々を招いての「ふれあい給食」では、ゲストに楽しく過ごしてほしいと思い、共通の話題を見つけて話そうとした。

● POINT

慣れない状況でも、初めて会う方たちに進んであいさつをして話しかけ、ふれあいの時間を大切にしたことや、人とのかかわりを楽しむことができた様子を評価します。

文例① 「ふれあい給食」では、初めて会う地域の方々に「こんにちは」と大きな声であいさつをし、会食中もゲストの話を聞いたり質問したりしながら**和やかな時間を過ごすことができました**[A]。会が終わった後も、「緊張したけど、喜んでもらえて嬉しい」と、地域の方とのふれあいを楽しんでいたことが伝わってきました。

文例② 「ふれあい給食」では、お客さまを迎える準備から見送りまで、積極的に参加することができました。会食のときには自己紹介や質問をくり広げ、見送りのときに「ありがとう」と言われると**嬉しそうな笑顔でずっと手を振っていました**[B]。

言い換え表現

A 和やかな時間を過ごすことができました ➡ 人とのかかわりの楽しさを学ぶことができました

B 嬉しそうな笑顔でずっと手を振っていました ➡ 名残惜しそうに見送っていました

Type 12 所見を書きにくい子

その子なりの頑張りや努力が見えにくい

エピソード❶ 遠足

上級生の自覚をもって下級生とかかわれるようになり、相手のことを考えて行動することができた。

POINT

学級には、よくも悪くも目立たず所見が書きにくい子が存在します。そういう子ほど普段から注意して観察し、どんなに小さなことでも、その子のよさを見つけたら記録に残しておくことが重要です。

文例① ○年生との「なかよし遠足」では、○年生がはぐれないようにと、進んで点呼する姿が見られました。人前に立つことに苦手意識をもっていましたが、この遠足を通して、上級生として下級生から頼られていることを実感し、**自信がもてるようになりました**[A]。

文例② 遠足では、**なかよしパートナーに気を配りながら行動する姿が光りました**[B]。相手が安心するように、笑顔で積極的に話しかけ、かかわることができました。上級生としての責任感と自覚をもっていることが伝わりました。

言い換え表現

A 自信がもてるようになりました ➡ 自己肯定感が得られました

B なかよしパートナーに気を配りながら行動する姿が光りました ➡ なかよしパートナーに気を配ってやさしくしている様子が目立ちました

エピソード❷ 運動会

何事も主体的に取り組もうとしない子が、運動会の徒競走にやる気を見せた。

POINT

運動会の徒競走にやる気を見せ、進んで朝練習をしてタイムを意識するなど、主体的に取り組もうとしている様子をほめ、今後も続けていけるような記述にします。

文例① 「リレーの選手にはどうしたらなれるのか」という疑問をもち、まず50メートル走のタイムを縮めることから始めました。朝、走る練習を続けることによってタイムを縮め、運動会当日は、見事1位でゴールしました。**やる気になればできるということが大きな自信につながりました**[A]。

文例② 50メートル走のタイム取りでは、どうしても1位を取りたい一心で朝練習を始め、運動会当日は見事1位でゴールすることができました。努力の大切さを身をもって体験して**大きな自信になりました**[B]。

言い換え表現

A やる気になればできるということが大きな自信につながりました ➡ 頑張れば結果がついてくるという経験は、ほかの場面でも生かせると思います

B 大きな自信になりました ➡ これからのやる気につながっています

エピソード③ 学芸会

学芸会の練習に対して、受け身だったが、当日は達成感を味わうことができた。

POINT
物事に対して、受け身がちな子が、自分の頑張りと上達ぶりを振り返る中で自信をもち、意欲を高めていったことに着目して評価するとよいでしょう。

文例① 学芸会の練習では、友だちと一緒に練習に励み、**だんだん自信をもって**[A]、声の大きさや身振りの工夫をするようになりました。

文例② 学芸会の練習では、友だちの動きをじっくり観察して自分の演技に生かしていました。練習をくり返し、自分の演技が上達していることに気づいてからは、**自分で考えて演技をするようになりました**[B]。学芸会成功に向けて頑張ることができました。

言い換え表現

A だんだん自信をもって ➡ どんどん意欲的になり

B 自分で考えて演技するようになりました ➡ 自分の思いを表現するようになりました

エピソード④ 学芸会

学芸会に対し、はじめはやる気を見せなかったが、日に日に変化するまわりの学芸会への取り組み方を目の当たりにして、本気で取り組めるようになった。

POINT
まわりの様子を敏感に感じ取り、「どうせやるなら楽しい学芸会にしたい」と考え、本気で学芸会をやり遂げる気持ちに切り替えられたことを明らかにし、評価します。

文例① まわりの友だちに感化されたその日から、声が大きくなり、表情や動きから緊迫感が伝わるようになってきました。自分の役の台詞の意味をよく考え、工夫しながら練習に取り組んでいく姿が**頼もしく思えました**[A]。

文例② 学芸会に向けて頑張るまわりの友だちの表情や練習に取り組む姿勢から、「やるなら楽しい学芸会にしたい」と考え、自ら積極的に取り組むようになりました。本番では、場面の緊張感が伝わる台詞と動きで、**観客を物語の世界へとひき込みました**[B]。

言い換え表現

A **頼もしく思えました** ➡ 期待感でいっぱいになりました

B **観客を物語の世界へとひき込みました** ➡ 観客を魅了しました／見ている人を楽しませました

エピソード⑤ 学芸会

今まで興味がもてなかった学芸会の準備に、今年度は進んで取り組むことができた。

POINT
学芸会の裏で、縁の下の力持ちとして活躍している様子を評価します。また、以前と比較して今年度はどのような取り組み方ができたかを、具体的に伝えられるようにしましょう。

文例① 学芸会では、体育館にたくさんの山台を運びました。角がずれて危ないところがないかを確認しながら**黙々と作業する姿**[A]に、前年度からの成長を感じました。

文例② 学芸会で舞台装置を準備するときには、大きな山台をたくさん運んでいました。劇の場面ごとに、重ね方や数を確認し、ずれていないか見直すことも忘れずに行い、**以前にも増して責任感が育っていることを感じました**[B]。

言い換え表現

A **黙々と作業する姿** ➡ 最後まで責任感をもって取り組む姿勢／真剣な表情で作業を進める様子

B **以前にも増して責任感が育っていることを感じました** ➡ ○年生としての成長を感じました

エピソード⑥ 展覧会

展覧会の作品づくりで、じっくりと丁寧に作業を行い、自分だけの立派な作品を仕上げた。

POINT
じっくりと丁寧に展覧会の作品づくりに取り組み、達成感を味わうことができたことを評価します。集中して作業していた様子を具体的に伝えます。

文例① 展覧会の立体作品、「お面」の制作では、可愛らしいウサギのお面を作りました。骨組みの形は自分で考え、**小さな半紙を一枚一枚丁寧に貼る細かい作業に黙々と取り組みました**[A]。会場には、隅々まできちんと糊づけされたピンクのウサギを展示することができ、達成感を味わうことができました。**観点2**

文例② 展覧会の作品「カラフルねん土のお店へようこそ」の制作では、じっくりアイデアを練った後に、**集中して取り組む**[B]ことができました。紙粘土に絵の具を混ぜてよく練り込み、ビー玉やビーズでカラフルに仕上げ、世界にひとつだけのハンバーガーを作ることができました。**観点2**

言い換え表現

A **小さな半紙を一枚一枚丁寧に貼る細かい作業に黙々と取り組みました** ➡ 半紙を骨組みに合わせながら丁寧に作りました

B **集中して取り組む** ➡ 専念して作る

エピソード❼ なわとび大会

長なわに意欲的に取り組むようになり、跳べるようになった。

● POINT

跳べるようになり嬉しそうにしていたことを伝えると、保護者の方にとっても嬉しい所見となります。これからの活動に取り組む意欲となるよう期待を込めて書きます。

文例① 長なわ大会に向けた練習では、**友だちの励ましを受けながら**[A]練習に取り組むことで、リズミカルになわを跳ぶことができるようになりました。跳べたときの嬉しそうな表情から、達成感が伝わってきました。

文例② 友だちの励ましを受けながら、長なわ大会に向けての練習に取り組みました。跳べたときのみんなからの拍手に笑顔で応える姿から、**できる喜びを味わっていること**[B]がよくわかりました。

言い換え表現

A **友だちの励ましを受けながら** ➡ 友だちに引っ張られて／友だちと一緒に

B **できる喜びを味わっていること** ➡ できたことを喜んでいる様子／達成感を味わっていること

エピソード❽ ふれあい給食

地域の方を招いての活動で、人とふれあうことの楽しさや温かさを学んだ。

● POINT

初めて会う方とやさしい気持ちでふれあい、人とかかわる大切さを学ぶことができたことを評価します。

文例① 地域の方を招いての「ふれあい給食」では、エスコート係として、活動の後にお客さまを玄関までご案内しました。**お客さまとふれあう様子**[A]から、人とかかわることの大切さや喜びを自ら学んでいることがわかります。

文例② 地域の方との交流会では、用意した紙芝居を披露したり、昔の学校の様子を聞いたりしながら楽しい時間を過ごすことができました。お客さまが「ありがとう。楽しかったよ」と声をかけてくれたことが嬉しかったと笑顔で話し、**人とふれあうことの大切さや楽しさ**[B]を実感していることが感じられました。

言い換え表現

A お客さまとふれあう様子 ➡ 人とのふれあいを楽しむ姿

B 人とふれあうことの大切さや楽しさ ➡ ふれあいやかかわることの大切さ

エピソード9 地域交流会

地域の方との交流会で、司会として、会の進行を適切に行うことができた。

POINT

会の進行係を務めるために、メモを作り、休み時間に台詞をくり返し練習したことを評価します。具体的なエピソードを書くことで、その子の努力が伝わるように書きます。

文例① 地域交流会では、司会を務めました。進行内容を頭に入れるためにメモを作りくり返し練習することで、当日は、落ちついて司会の役割を果たしました。努力が実を結び、**笑顔あふれる素敵な会になりました**[A]。

文例② 地域交流会では、司会に立候補しました。進行を確実に行うために、友だちに聞いてもらいながら台詞の練習をしていました。**仕事に対する責任感の高まりを感じます**[B]。

文例③ 地域交流会では、クラスの代表としてお客さまを迎えたり、発表の司会を務めたりしました。**「クラスのよいところを見ていただきたい」と元気に堂々と話す態度に、お客さまから大きな拍手をいただきました**[C]。

言い換え表現

A 笑顔あふれる素敵な会になりました ➡ 会が無事に進みました

B 仕事に対する責任感の高まりを感じます ➡ 仕事の責任を果たす達成感が伝わります

C 「クラスのよいところを見ていただきたい」と元気に堂々と話す態度に、お客さまから大きな拍手をいただきました ➡ 落ち着いて丁寧に話す態度に、お客さまも大変喜ばれていました

Type 01 こつこつ頑張る子

目立たないけれど、課題はしっかりやる

エピソード❶ 係活動　～全般～

自分の係の仕事を確実に行うだけでなく、創意工夫を加えながら毎日欠かさずクラスのために仕事を行うことができた。

POINT

学級の係や当番の仕事を確実に行うことは、クラスのみんながよりよい生活をしていくために必要不可欠なことです。その仕事を一度も欠かさなかっただけでなく、みんなのためにわかりやすく工夫しようとしていた気持ちと行動を評価します。

文例①　予定係として、みんなからのアドバイスを参考にしながら、黒板に毎日の予定と学習する内容をわかりやすく工夫して書き続けました。自分の仕事に対して、**創意工夫を加えながら行動できることは、素晴らしいことです**[A]。

文例②　植物係では、自分の家から育てたい花の苗を持ってきて、ベランダで育てました。暑い日には、与える水の量を増やして日陰に置いたり、寒い日には、いちばん日当たりのよいところに置いたりして気を配りながら大事に育てました。**花がある明るい教室の雰囲気をつくりました**[B]。

言い換え表現

A 創意工夫を加えながら行動できることは、素晴らしいことです ➡ どうしたらよくなるかを考え、行動に移すことができるようになりました

B 花がある明るい教室の雰囲気をつくりました ➡ 花が飾られていることで、教室はいつも気持ちのよい空気に満ちています

エピソード❷ 係活動 ～リサイクル係～

係活動で日々確認していることを学級全体に広め、リサイクルへの意識を高めた。

● POINT
係活動で行っている仕事はもちろん、それを友だちに広める姿を評価します。本人の丁寧さが学級に貢献していることを伝えます。

文例① リサイクル係として、学級の回収箱の中をこまめに確認していました。**声をかけ合うことで、係の友だちにも気づきを広げ**[A]、教室の環境整備に貢献しました。

文例② リサイクル係の活動では、日々チェックしている資源の回収量をみんなに発表することで、**学級全体のリサイクルへの意識**[B]を高めることができました。

文例③ リサイクル係では、毎日責任をもって、燃えるごみ・燃えないごみ・リサイクル資源としっかり分別していました。毎日の係の仕事を忘れずに行うのは大変なことですが、**誰も見ていなくても自分のやるべきことをきちんとやろうとする姿勢が素晴らしいです**[C]。

言い換え表現

A **声をかけ合うことで、係の友だちにも気づきを広げ** ➡ 声をかけ合いながら全体の意識を高め／係のみんなに伝わるよう声をかけ

B **学級全体のリサイクルへの意識** ➡ リサイクルに対するみんなの意欲

C **誰も見ていなくても自分のやるべきことをきちんとやろうとする姿勢が素晴らしいです** ➡ きちんとリサイクルをしようと、意欲的に取り組んでいます

エピソード❸ 係活動 ～花係～

学習面ではあまり目立たないが、係活動では、一日も忘れることなく仕事に取り組んだ。

● POINT
みんなからの注目度は低くなりがちですが、大切な係活動はたくさんあります。クラスのみんなのために行っている「本人の頑張り」や「友だちとのかかわり」について評価します。

文例①　花係では、**毎朝夕に責任をもって花に水をあげました**[A]。その日の花の様子をよく観察し、朝の会や帰りの会でクラスのみんなにも注目してもらうように声をかけ、長期的に花の生長を見守ることができました。

文例②　花係の○○さんは、「花がしぼんでしまった。どうしよう」と**花の具合の悪さにいち早く気がつきました**[B]。毎日丁寧に水やりをしている○○さんのおかげで、クラスの花もみるみるうちに元気になり、教室の雰囲気も明るくなりました。

言い換え表現

A **毎朝夕に責任をもって花に水をあげました** ➡ 毎日欠かさず花の水やりをしていました／水やりの仕事に対して誠実に取り組みました

B **花の具合の悪さにいち早く気がつきました** ➡ 花の様子がいつもと違うことにすぐに気がつきました

エピソード④ クラブ活動

クラブの準備や片づけなどを上級生とともに毎回欠かさず行うことができた。

POINT

用具の準備や片づけなど、人がやりたがらない仕事に対して、毎回こつこつと取り組んだことについてしっかりと評価します。

文例①　○○クラブでは、時間内に活動ができるようにと、上級生と一緒になって準備や後片づけを進んで行いました。小さなことも当然のこととしてできる姿に**成長の跡が見られます**[A]。

文例②　クラブ活動では、用具の準備や後片づけを毎回欠かしませんでした。人が嫌がる仕事に前向きに取り組むことができます。来年は、高学年として、さらにクラブを引っ張る存在になってくれると**期待しています**[B]。

言い換え表現

A **成長の跡が見られます** ➡ ひとまわり大きくなったことを感じます／○○さんの進歩が見られます

B **期待しています** ➡ 願っています

Type 02 一芸に秀でた子

キラリと光る得意なことをもっている

エピソード❶ 係活動 ～マンガ係～

得意な絵を生かして「マンガ係」をつくり、クラスのみんなを楽しませた。

POINT
ただ絵がうまいだけではなく、みんなが楽しめるような工夫をしていたことを評価すると、次学期以降のさらなる意欲につながります。

文例① 得意な絵を生かして、マンガ係をつくりました。ストーリーを工夫し、分担を決めて定期的に発行しているので、みんなが新刊の発行をいつも**心待ちにしていました**[A]。

文例② マンガ係を立ち上げ、定期的にマンガを発行しました。ただ得意な絵を描くばかりではなく、ストーリーの構成を考えたりアンケートをとったりするなど、**みんなが楽しめる工夫**[B]が随所に見られました。

言い換え表現

A 心待ちにしていました ➡ 楽しみにしていました
B みんなが楽しめる工夫 ➡ クラス全体で楽しめるようにするアイデア

エピソード❷ 係活動 ～新聞係～

クラスの雰囲気を盛り上げようと、何気ないクラスの出来事をイラストを使って新聞にした。

POINT
得意なことでクラスを明るくしたいと願う心情を評価します。自分の力がクラスで役立っていると実感できるように、まわりの友だちの様子も伝えます。

文例① 何気ない出来事を、得意なイラストで楽しい記事にする様子に、毎日の学校生活をみんなで楽しくしたいという願いが**あふれています**[A]。

文例② クラスの仲間との楽しい時間を大切にしていきたいという気持ちが、**ユーモアいっぱいのイラスト**[B]や、何気ない出来事を書いた小さな記事の中につまっています。

言い換え表現

A あふれています ➡ クラスに広まっています

B ユーモアいっぱいのイラスト ➡ アイデアにあふれたイラスト

エピソード③ 係活動 ～手紙係～

毎朝、手紙BOXに手紙を取りに行くという手紙係の仕事を学期期間中、1回も忘れることなく取り組むことができた。

POINT

係活動を継続して実行できたことを評価します。仕事がはっきりしている係活動は習慣化しやすいので、今後も自信をもって続けられるように励まします。

文例① 手紙係では、毎朝手紙BOXに手紙を取りに行くという仕事を1回も忘れることなく取り組み、**責任感を強めました**[A]。クラスのみんなの役に立つ喜びも日に日に味わうようになってきました。

文例② 1日の学校の生活スケジュールの中に、手紙係の仕事も組み込み、習慣化することができました。いきいきとした笑顔で「先生、今日は3種類の手紙があるから、配るのを忘れずにね」などと責任をもって声をかける姿から、**やりがいを見出している**[B]ことが伝わってきました。

文例③ 手紙係として、毎朝忘れずに手紙BOXに手紙を取りに行きました。手紙がたくさんある日は、友だちに「一緒に行ってくれるかな」と頼み、落としてばらばらにならないように配慮するなど、係の仕事に**責任をもって取り組んでいます**[C]。

文例④ 仕事が毎日ある手紙係として、**忘れずに活動に取り組んで**[D]いました。誰にも見られていなくても、2学期という長期間にわたり、自分の仕事はしっかり責任をもって行おうという意欲的な姿勢が見られました。

言い換え表現

A 責任感を強めました ➡ 仕事に対して誠実な姿が見られました

B やりがいを見出している ➡ 仕事のおもしろさを発見している

C 責任をもって取り組んでいます ➡ 意欲的に取り組んでいます

D 忘れずに仕事に取り組んで ➡ やるべきことを熱心に行って

エピソード❹ 委員会活動

初めての代表委員会では、話し合いの内容を聞きもらさないように、メモをとり、クラスに持ち帰ってしっかりと伝えることができた。

● POINT
クラスの代表として自覚をもって行動する姿を認めます。話し合いの内容をクラスの仲間に伝えるなど、責任をもって仕事をしている姿を評価します。

文例① 代表委員会では、話し合ったことをしっかりとメモにとり、クラスに持ち帰って伝えることができました。学級の代表であるという自覚をもち、**自分の仕事を着実にやり遂げる力**[A]が身についています。

文例② 代表委員会で、○○について話し合った際には、その内容を聞きもらさないようにメモをとっていました。クラスのために自分にできることを考え、役割を果たすなど、以前に増して**責任感が育っています**[B]。

言い換え表現

A **自分の仕事を着実にやり遂げる力** ➡ 与えられた役割をきちんとこなす力
B **責任感が育っています** ➡ 使命感が伝わってきます／意識が高まっています／自主性が育まれています

エピソード❺ クラブ活動 〜ダンスクラブ〜

リズム感覚がよく、クラブ活動のダンスの練習を熱心に取り組んでいた。

● POINT
新体操やダンスの特技を生かして、ダンスクラブでは自分で振りつけを工夫するなど熱心に練習していることを伝えます。

文例① 休み時間になると、教室に音楽を響かせダンスの練習をしています。発表会に向けて振りつけを工夫し、**持ち前のリズム感覚**[A]を生かしながら熱心に取り組んでいます。

文例② 音楽の授業や発表会の練習で歌をうたうとき、○○さんは自然に体でリズムをとり、**場を和ませてくれます**[B]。新体操やダンスなど、自信がもてるものがあるということは**大きな励みとなっています**[C]。

言い換え表現

A 持ち前のリズム感覚 ➡ ダンスの才能

B 場を和ませてくれます ➡ クラスを明るい雰囲気にしてくれます

C 大きな励みとなっています ➡ 強みです

エピソード⑥ 誕生日会

クラス全員の誕生日会を企画し、もらったときに嬉しくなるようなバースデーカードを作ることができた。

POINT

決まった形のカードを作るのではなく、もらう人が好きな色やキャラクターを事前にリサーチして、もらって嬉しくなるようなカードを一人ひとりに作る心配りを評価します。

文例① 月1回の誕生日会が近づくと、全員の好きな色や好きなものをリサーチして、もらった人に喜んでもらえるようなバースデーカードを作成しました。クラス全員の誕生日をお祝いしようとする気持ちが**何より素敵です**[A]。

文例② 月1回の誕生日会では、全員分のバースデーカードを工夫しながら作り、渡していました。カードをもらった友だちは、自分の好きな色の画用紙に好きなキャラクターが描かれたカードをいつまでも**嬉しそうに眺めていました**[B]。

言い換え表現

A 何より素敵です ➡ 素晴らしいです

B 嬉しそうに眺めていました ➡ 感慨深そうに見ていました

エピソード⑦ 1/2成人式

招待状やお礼状を、得意のイラストを添えて、丁寧に仕上げることができた。

POINT

自分の得意なことで感謝の気持ちを伝えようとする態度を評価します。子ども自身が、得意なことをさらに伸ばそうと思えるように書くことが大切です。

文例① **「1/2成人式」の招待状やお礼状など、心が温まる文を得意のイラストを添えて仕上げ**[A]、地域の方々にまごころや感謝の気持ちを届けることができました。

文例② 招待状やお礼状作りでは、コラージュのように画用紙をちぎって貼り合わせるなど**アイデアにあふれ、センスのよさが光りました**[B]。

言い換え表現

A **「1/2成人式」の招待状やお礼状など、心が温まる文を得意のイラストを添えて仕上げ** ➡ 可愛いイラストの入った1/2成人式の招待状やお礼状に感謝の気持ちを込め

B **アイデアにあふれ、センスのよさが光りました** ➡ さまざまな工夫がいっぱいで、個性が光りました

エピソード⑧ 百人一首大会

百人一首には絶対の自信があり、毎日短歌の音読に取り組み、クラスの百人一首大会で優勝できた。

POINT

百人一首では誰にも負けたくないと思う心情と、自ら努力を怠らない様子を伝えます。そして、その具体的な活動の様子をもとに評価します。

文例① 上の句の途中で、次々と札に手を伸ばす姿に毎日音読に取り組んだ成果が表れ、対戦相手の友だちが目を丸くしていました。手に汗握る決勝戦を勝ち抜いて、**爽やかな笑顔**[A]が輝いていました。

文例② 対戦相手が太刀打ちできない早わざで、次々と札に手が伸びていました。日頃の音読でしっかりと句を覚え、**今までの頑張りが力となって表れたことに**[B]、**充実感**[C]あふれる笑顔を見せました。**観点2**

言い換え表現

A **爽やかな笑顔** ➡ 自信にあふれる笑顔

B **今までの頑張りが力となって表れたことに** ➡ これまで学んだことが糧になっていることに／積み重ねた努力の成果を発揮できたことに

C **充実感** ➡ 満足感

観点1…知識・理解／**観点2**…思考・判断・表現／**観点3**…主体的に学習に取り組む態度

Type 03 知識が豊富な子

勉強に限らず、興味・関心が高い

エピソード❶ 係活動　～植物係～

植物が育ちやすい環境など、今まで理科で学習した知識を生かして、自分の係の仕事を創意工夫できた。

POINT
学習を生かして自分の係の仕事に創意工夫を加えたことは、自分の仕事に誇りをもっていることの表れです。自分の頭で工夫して考えたことをほめていくとよいでしょう。

文例①　植物係として、暑すぎる日にはプランターを日陰に移動させるなど学習した知識を生かし、自分なりの工夫を入れながら仕事を行うことができました。**責任感の高まり**[A]はもとより、創意工夫をして楽しみながら仕事に向かう姿勢が何より素敵でした。

文例②　植物係として、土の様子を見て水の量を調節したり、植物の葉の様子を見て肥料を与えたりするなど、学習したことを生かして**自分なりの工夫を入れながら**[B]仕事を行うことができました。

言い換え表現

A 責任感の高まり ➡ 自分の仕事への感心が高まっていく様子

B 自分なりの工夫を入れながら ➡ 創意工夫をしながら

エピソード❷ 係活動　～なぞかけ係～

語彙力を生かした、なぞかけ係を立ち上げた。学級の友だちは、いつも発表を楽しみにしていた。

POINT
本人の発想はもちろん、学級の友だちをひきつける工夫をしていたところを評価することで、知識をみんなのために使っていく意欲につなげるのがねらいです。

文例①　豊かな語彙力を生かして、「なぞかけ係」を立ち上げました。朝の会に問題を出して帰りの会に正解を発表したり、お題を募集したりするなど、**思わずみんなが参加したくなるような**[A]工夫をして、盛り上げてくれました。

文例② なぞかけ係では、**豊富な語彙を使って**[B]、みんなを唸らせるなぞかけを発表することができました。クイズ形式にしたり、友だちからもらった言葉をもとに考えたりするなど、みんなが参加できるような工夫が随所に見られました。

言い換え表現

A **思わずみんなが参加したくなるような** ➡ 友だちの興味をひきつける
B **豊富な語彙を使って** ➡ 豊かな語彙力で／言葉をよく知っているので

エピソード③ クラブ活動 ～科学クラブ～

科学クラブに所属し、元素記号や気体について調べ、意欲的に活動している。

● POINT
科学クラブで実験をする際に、自発的に調べて得た知識を生かしてアイデアを出すなど、熱心な様子を記述します。

文例① 科学クラブでは、実験についてアイデアを出したり進んで実験を行ったりして、**楽しそうに活動しています**[A]。疑問に思ったことを何でも調べる姿勢も素晴らしいです。

文例② 科学クラブでは、実験のやり方を説明したり、準備や後片づけを**進んで行ったりして**[B]、活動を有意義な楽しいものにしています。

言い換え表現

A **楽しそうに活動しています** ➡ 意欲的に取り組んでいます
B **進んで行ったりして** ➡ 自分から行ったりすることでよい手本を示し

エピソード④ 委員会活動

代表委員として、ユニセフ募金について、全校に呼びかけた。

● POINT
ユニセフについての知識が生かされて、自信をもって呼びかけを行えたことを評価し、その子のよさとして伝えます。

文例① 代表委員として、全校の前で、ユニセフ募金の呼びかけを行いました。貧しい地域の子どもたちの生活や現状を図やグラフを用いて示すことで、1年生から6年生にその主旨を**効果的に呼びかけること**[A]ができました。

文例② 代表委員のユニセフ募金の呼びかけでは、貧しい地域の子どもたちの現状を、力を込めて全校児童に訴えました。「そうだったのか」「知らなかった」などと、○○さんの知識によって、**全校児童が正しい理解と募金への意欲を高めました**[B]。

言い換え表現

A 効果的に呼びかけること ➡ わかりやすく伝えること

B 全校児童が正しい理解と募金への意欲を高めました ➡ みんなが募金を意識するようになりました

エピソード⑤ お楽しみ会

お楽しみ会で、自分でお話を考え道具を準備し、ペープサート（紙人形劇）をつくり、楽しく演じることができた。

● POINT

既成のクイズや本を読むのではなく、オリジナルの作品を考え、必要なものを準備して取り組んだことに着目して書きます。

文例① お楽しみ会では、ペープサートの劇を演じました。物語は、登場人物もストーリーも自分たちで考え、割り箸や舞台にかける布も自分たちで用意しました。計画から演出の仕方までを考え、成功させることができる**アイデアの豊かさと実行力に驚きました**[A]。

文例② お楽しみ会でペープサートの劇を演じたときは、お話づくりから道具の用意まで自分たちだけで考えて準備を進めました。**計画から本番まで進めること**[B]ができるアイデアと実行力が素晴らしいです。

言い換え表現

A アイデアの豊かさと実行力に驚きました ➡ ○○さんに拍手を送ります

B 計画から本番まで進めること ➡ 本番までを見通して進められること

Type 04 発想が豊かな子

ひらめき力があり、人と違う視点で発想できる

エピソード❶ 係活動 ～生き物係～

生き物係として、餌やりや掃除以外にも自分から仕事を見つけて実行し、学級の金魚への関心を高めた。

POINT

自分の発想力を仕事に生かしていることを評価することで、子どもの主体的に取り組む意欲を高めていきます。

文例① 生き物係として、金魚に名前をつけたり、それぞれの特徴を紹介したりしています。より金魚に関心をもってもらうために、**工夫し意欲的に活動に取り組む姿**[A]が立派でした。

文例② 生き物係として、餌や掃除の世話はもちろん、金魚に名前をつけて、**みんなに関心をもってもらえるような工夫**[B]をすることができました。自分から仕事を探す姿勢に、取り組みへの意欲が感じられます。

言い換え表現

A **工夫し意欲的に活動に取り組む姿** ➡ 前向きに仕事をどんどんやる姿勢

B **みんなに関心をもってもらえるような工夫** ➡ クラスのみんなで可愛がってもらえるような工夫

エピソード❷ 係活動 ～図書係～

図書係として、毎日何をするか探し、主体的に取り組むことができた。

POINT

係活動は、係によっては決まった仕事がないこともあります。図書の時間での活動だけでなく、毎日何をするか、自分で考えて実行できたことを評価します。

文例① 図書係となり、進んで学級文庫の整理整頓をしていました。また、**図書室の使い方をクラス全体に呼びかける**[A]など、みんなが快適に図書室を使うことができるように、自分の仕事を考えて活動していました。

文例② 図書係となり、新しい本の紹介をしたり、クラスで読みたい本のアンケートをとって読み聞かせをしたりしていました。係としてやるべき仕事を常に考え、**工夫して仕事に取り組んでいることがわかります**[B]。

文例③ 「このプリントもあの壁のところに貼ったほうがいいでしょうか？」と、自分に任された仕事以外にも、自分にできることがないか探していました。**○○さんの豊かな発案力が伝わってきます**[C]。

言い換え表現

A 図書室の使い方をクラス全体に呼びかける ➡ 図書室のルールを守って活用する方法をクラスのみんなに広める

B 工夫して仕事に取り組んでいることがわかります ➡ 自主的に考えて実行に移すことができる力があります

C ○○さんの豊かな発案力が伝わってきます ➡ みんなのためにきれいに掲示したいという○○さんの思いが感じられます

エピソード❸ クラブ活動 ～パソコンクラブ～

パソコンクラブの活動の中で、独創的なセンスを生かしてカード作りなどをした。

POINT

パソコンを操作して、名刺や暑中見舞いカードなど、オリジナリティあふれる作品をつくることができたことを評価して伝えます。

文例① パソコンクラブで、名刺を作って交換する活動をしました。名刺に風景の写真を取り込み、字体や色を工夫して、オリジナリティあふれる作品に仕上げることができました。**センスのよさを感じます**[A]。

文例② パソコンクラブで、プレゼンテーションソフトを使って自己紹介の資料を作りました。アニメーション効果を駆使して、インパクトのある作品に仕上げました。**豊かな発想力を発揮しています**[B]。

言い換え表現

A センスのよさを感じます ➡ 友だちからも高い評価を得ています

B 豊かな発想力を発揮しています ➡ 豊かな発想は学習のいろいろな場面で表れています

エピソード❹ お楽しみ会

楽しいアイデアでお楽しみ会を充実させた。

POINT
お楽しみ会で、みんなが楽しめるような工夫を考えて、独創的なアイデアや遊びを提案したことを評価します。

文例① お楽しみ会の計画を立てたときには、みんなが知らない新しい遊びを**提案しました**[A]。本番当日はみんなの前に立って説明し、友だちを呼んで実際にゲームをやってみせるなど、遊びの方法をわかりやすく説明することができました。

文例② 学級活動で、「お楽しみ会」を行ったときには、「○○の曲をうたうときには伴奏をつけたほうが楽しくなると思います」と言って、オルガン係に立候補していました。**「○○さんは伴奏の天才だね」と友だちに言われたときの笑顔**[B]から、人の役に立つ喜びを感じていることが伝わってきました。

言い換え表現

A **提案しました** ➡ アイデアとして出しました

B **「○○さんは伴奏の天才だね」と友だちに言われたときの笑顔** ➡ まわりの友だちに伴奏をほめられたときの○○さんの嬉しそうな様子

エピソード❺ お別れ会

友だちのお別れ会に向けて、送り出す相手の気持ちを考えて、計画や準備を進めることができた。

POINT
お別れ会の出し物を考えるときに、友だちには内緒で紙芝居や歌をつくりました。相手の気持ちや状況をよく考えてあげられるやさしさと実行力を評価します。

文例① お別れ会では、計画から本番までしっかりと準備を進めることができました。転校する友だちとのエピソードを紙芝居にして、その友だちの歌をつくってうたうなど、**送り出す友だちのことを考えて**[A]出し物を提案し、**クラスの心がひとつにまとまりました**[B]。

特別活動 Type 04 発想が豊かな子

文例② お別れ会では、「○○さんのエピソードを紙芝居にしよう」「○○さんの歌をつくってみんなでうたおう」と、送り出す相手が喜んでくれることをいちばんに考え、出し物を提案しました。そのやさしさがクラス全体に広がり、**みんなの心に残る思い出深い会**[C]になりました。

言い換え表現

A 送り出す友だちのことを考えて ➡ お別れ会の目的をよく理解して／送り出す相手の気持ちをいちばんに考えて／友だちが喜ぶことを考えて工夫をこらした

B クラスの心がひとつにまとまりました ➡ クラスの団結力が高まりました

C みんなの心に残る思い出深い会 ➡ みんなの心がひとつになるあたたかい会／友だちみんなの思い出に残るような印象的な会

エピソード⑥ 学級遊び

学級遊びで、罰ゲームの代わりになることを提案し、場の雰囲気を明るくすることができた。

● POINT

学級遊びをする際、遊びのルールによっては嫌な気持ちになる子もいます。そのようなときに、多くの子が楽しむことのできる代案を考え、場の雰囲気を明るくした発想の豊かさを評価します。

文例① 学級でフルーツバスケットをしました。「3回鬼になったら罰ゲーム」というルールで始まりそうになりましたが、○○さんの「罰ゲームは嫌な人がいるかもしれないから、その代わりに好きな動物を言うことにしよう」という案にみんなが賛成し、**終始和やかな雰囲気で遊ぶことができました**[A]。

文例② 学級でフルーツバスケットをしたときには、「罰ゲームをするのではなくて、最近楽しかったことを話すことにしよう」と提案し、クラスのみんなが賛成しました。友だちの楽しかった話を聞くと、笑顔が広がり、遊びも話も盛り上がりました。**○○さんのアイデアによって**[B]、遊びの時間がより一層楽しいものとなりました。

言い換え表現

A **終始和やかな雰囲気で遊ぶことができました** ➡ 誰もが楽しく遊べる時間になりました

B **○○さんのアイデアによって** ➡ ○○さんの発想の豊かさで

エピソード7 あいさつ月間

あいさつ月間の取り組みでは、みんながあいさつをするためのアイデアを考えることができた。

POINT
「どうしたらみんながあいさつしてくれるか」を考え、積極的に提案していたことを評価します。また、活動を自ら楽しんでいた様子を具体的に記述すると、保護者にもわかりやすい所見となります。

文例① あいさつキャンペーンでは、みんながあいさつをするためにはどうしたらよいか、自ら考えることができました。**自分の考えた意見をクラスみんなに進んで伝えようとする姿勢**[A]が立派です。

文例② あいさつ月間では、「かわいい絵が描かれたあいさつカードを手に持って、元気にあいさつしよう！」と目標を立てて取り組みました。**進んで新しいアイデアを提案することができる発想の豊かさ**[B]に感心しました。

文例③ あいさつ運動では、「8時に北門に集合だよ。こちらから大きな声であいさつをすれば、みんなあいさつを返してくれるよ」と話し、自分から**進んであいさつをする楽しさを味わっていました**[C]。

言い換え表現

A **自分の考えた意見をクラスみんなに進んで伝えようとする姿勢** ➡ 自ら思いついたアイデアを学級全体に広めようとする態度

B **進んで新しいアイデアを提案することができる発想の豊かさ** ➡ 次々に友だちを驚かせるようなアイデアが出てくる発想力

C **進んであいさつをする楽しさを味わっていました** ➡ 臆せず大きな声であいさつするやりがいを感じていました／気持ちよくあいさつをすれば、相手も気持ちよく返してくれることを感じていました

特別活動 Type 04 発想が豊かな子

Type 05 まわりのために動ける子

周囲の状況に気配りができ、献身的に動ける

エピソード❶ 学級会

学級会の話し合いで、副司会を務め、話し合いがスムーズに進むように司会を助けていた。

● POINT
副司会という、あくまでも司会を補佐する役割を認識し、適切に助言することができていたことを評価します。

文例① 学級会の話し合いの活動では、副司会になりました。意見がなかなかまとまらず司会者が進行に戸惑っていたときに、横からそっと声をかけたり話し合いの補足をしたりし、国語で学習した「副司会の役割」を**よく理解して進めていました**[A]。

文例② 学級会で副司会を担当したときには、司会者の進行に補足したり、板書する友だちに声をかけたりしていました。国語で学習した、あくまでも司会を補佐する「副司会の役割」をきちんと理解していて、**考えながら進めていることが伝わりました**[B]。

言い換え表現

A **よく理解して進めていました** ➡ 実際の活動に生かすことができました

B **考えながら進めていることが伝わりました** ➡ どのように動けばよいかよく考えて進めていました

エピソード❷ 話し合い活動

学級の話し合い活動で、進んで記録係を引き受け、みんなのために振り返りがしやすいように、わかりやすく丁寧にまとめることができた。

● POINT
進んで自分にできることを行い、やり遂げたということを評価します。まわりのために働ける子は、必ず友だちからも信頼されます。その子の頑張りがクラスにどのように影響したのかを伝えます。

文例① 大きく読みやすい文字で黒板に記録をし、みんなにわかりやすく

まとめることができました。**話し合いが本題からそれそうになった**[A]ときも、黒板の記録に立ち返って話し合いを進めることができました。

文例 ② 話し合い活動の記録を、進んでノートに取りました。丁寧な文字で記録を残し、後で見直したときに、とてもわかりやすく、みんなが確認するときにとても役に立ちました。まわりの友だちも「さすが、○○さん」と、**一目置く**[B]ほどでした。

言い換え表現

A 話し合いが本題からそれそうになった ➡ 話の論点がずれ始めた

B 一目置く ➡ 賞賛する

エピソード③ 係活動 ～持ち物係～

クラスのみんなが見やすいように、次の日の持ち物や連絡を毎日欠かさず板書し、クラス全体の忘れ物が減る工夫を考えて実行した。

POINT

連絡事項を、クラスのみんなにわかりやすいように工夫して板書できるのは、まわりの人のことをよく考えている姿勢の表れです。創意工夫を加えたことと、まわりのために働きかけたことを評価します。

文例 ① 宿題・持ち物係では、クラスのみんなが見やすいように、色を変え強調して**自分なりに工夫しながら**[A]、宿題や持ち物を黒板に書くことができました。

文例 ② 係活動では、宿題・持ち物係として、自主勉強や自分のノートの担当の曜日を表にしてわかりやすく整理したり、書く位置を変えたりしていました。**自ら考えて仕事を行おうとする姿勢が素晴らしいです**[B]。

言い換え表現

A 自分なりに工夫しながら ➡ 創意工夫を加えて／見る人のことを考えた工夫を加えながら

B 自ら考えて仕事を行おうとする姿勢が素晴らしいです ➡ 自分が担当の日を忘れないように工夫する姿勢が身についています／自分の役割をきちんと理解して仕事に取り組むことができました

エピソード❹ 係活動

自分の係ではない係のことを気にかけることができた。

POINT
まわりに目を向け、クラス内の困ったことによく気がつくことができること、日頃から冷静に物事を観察し、「今、必要なことは何か」と考えることができる行動力を評価するとよいでしょう。

文例① クラスで飼っている金魚が弱って係が困っていたとき、一緒に本で病気について調べたり、水を替えるのを手伝ってあげたりしていました。まわりをよく見て、困っている友だちに気づき、**真っ先に駆けつける**[A]ことができます。

文例② 整列係がお休みをしていたとき、お休みの子の代わりに、堂々と号令をかけることができました。日頃からまわりに気を配って、**違う係の友だちの頑張りをよく見ている**[B]ので、すぐに自分も挑戦することができました。

文例③ 掃除係として、自分の当番の日には教室を整頓し掃除をして、自分の役割を果たしていました。「先生、係を増やしてもいいですか」と、給食当番を手伝う係を提案し、自分で考えて毎日活動するようになりました。自分のことだけでなく、**人のことを考えられる力が育っています**[C]。

文例④ 用具係として、クラスのみんなが掃除の時間に道具をさっと取り出せるように、種類ごとにフックに掛けるなど、**みんなのために工夫する姿にやさしさを感じました**[D]。

言い換え表現

A 真っ先に駆けつける ➡ 進んで手伝う／率先して手伝う

B 違う係の友だちの頑張りをよく見ている ➡ 友だちの頑張りを認めている／他の係の仕事を頑張る友だちをほめている

C 人のことを考えられる力が育っています ➡ まわりの状況を見て考えることができます

D みんなのために工夫する姿にやさしさを感じました ➡ みんなの役に立つ喜びを味わっていました

エピソード⑤ 係活動 ～栽培係～

栽培係として、花壇の水やりや、枯れた花摘みなどの仕事を、登校してすぐに行っている。

POINT
忘れずに続けていること、友だちにも声をかけ、みんなで花壇の花を大切にしようと呼びかけていることを評価します。

文例① 栽培係として、ベゴニアを花壇に植えました。その後の水やりを忘れることなく行い、枯れた花を摘むなど、**献身的に世話をしました**[A]。植物の身になって世話をすることができるのは素晴らしいことです。

文例② 栽培係として、花壇に生えた草を一生懸命抜く作業をしました。登校するとすぐに花の世話をし、友だちにも声をかけて、**みんなで花を育てようとする意気込み**[B]に感心しています。

言い換え表現

A **献身的に世話をしました** ➡ 骨身を惜しまず世話をしました

B **みんなで花を育てようとする意気込み** ➡ みんなの花として大切にしようとする姿勢

エピソード⑥ 委員会活動 ～代表委員～

代表委員として、学校をよりよくしていこうと自ら率先して活動することができた。

POINT
児童の代表である自覚をもち、自らの行動や態度で示すことができたことを評価します。また、よりよい学校にしていくために行っていたことを具体的に挙げるとよいでしょう。

文例① 代表委員会では、廊下の歩き方について全校のみんなに放送で呼びかけました。学校全体にも視野を広げて活動し、**代表委員としてひとまわり大きくなった姿が輝いています**[A]。

文例② よりよい学校をめざして、**代表委員として自分にできること**[B]を考えながら行動していました。安心・安全な学校をモットーに、意見箱の設置を提案し、まずは全校児童の意見を聞くことから始めました。

特別活動 Type 05 まわりのために動ける子

言い換え 表現

A **代表委員としてひとまわり大きくなった姿が輝いています** ➡ 代表委員としての姿が下級生の模範となっています

B **代表委員として自分にできること** ➡ 代表委員としてやるべきこと／代表委員の任務

エピソード7 学級遊び

仲間はずれが出たり、危険なことが起こったりしないように声をかけることで、楽しい学級遊びにした。

POINT
配慮ある発言や行動が、学級の楽しい遊びの時間をつくっていると伝えることで、本人にも保護者にもわかりやすい所見となるようにします。

文例① 学級遊びの時間には、遅れてきた友だちが輪に入れるように呼びかけたり、安全に遊ぶために間隔を空けるように呼びかけたりしています。**全体を見まわす**[A]ことができるので、いつもクラスのみんなが笑顔で遊ぶことができます。

文例② 学級遊びの時間には、自分が楽しむことはもちろん、みんなが楽しく遊べるようにするための配慮も欠かしません。友だちに呼びかけ、**遊びの仲間に入れたり、安全への声かけをしたりするなど、思いやりの心が素晴らしいです**[B]。

言い換え 表現

A **全体を見まわす** ➡ みんなにはっきり言う／まわりを見て気を配る

B **遊びの仲間に入れたり、安全への声かけをしたりするなど、思いやりの心が素晴らしいです** ➡ みんなで安全に遊べるように配慮するやさしい気持ちが育っています／誰もが一緒に遊べるようなルールをつくっていく姿が頼もしいです

Type 06 クラスをまとめる子

段取りがよく、リーダーシップを発揮できる

エピソード① 学級会

話し合い活動において、常に解決に向けて前向きな発言をし、議題をまとめている。

POINT
自分と違った意見についても、よりよい方向に解決しようと努力していること、そして発案できる力があることを評価して伝えます。

文例① 遠足に向けての行動班を決める話し合いで、「クラスの中だけで行うか、学年全体で行うか」で意見が分かれたときに、○○さんの考え方でまとめることができました。常に根拠がはっきりしているので、説得力があり**友だちからの信望も厚いです**[A]。

文例② 長なわとびの持ち手を決める話し合いのとき、どうしたらクラスの跳ぶ回数が上がるのかに着目し、意見を述べました。広い視野で物事を解決に導こうとする姿勢は**友だちからも認められています**[B]。

文例③ 学級会に向けて、「誕生会」や「教室のルール」など、そのときに合った議題を提案しています。クラスの様子をよく見て発案したり、先を見通して考えたりする力が**育まれている**[C]ことがわかります。

言い換え表現

A **友だちからの信望も厚いです** ➡ 大きな信頼を得ています
B **友だちからも認められています** ➡ クラスのけん引力となっています
C **育まれている** ➡ 発揮されている

エピソード② 学級会

学級で取り組む活動では、みんなが楽しめるアイデアを出し、率先して行動に移すことができた。

POINT
自分の思いも友だちの思いも「よい」と思ったことは、しっかりと主張することができる意志の強さを評価します。

文例① 学級会では、「転校する友だちのためのお楽しみ会をしよう」といちばんに議題を出しました。思いついた意見を**ものおじせず**[A]友だちに伝えることができます。この積極性と行動力はクラスの模範となっています。

文例② 帰りの会では、友だちの頑張りを振り返り、「どんな行動が、どうしてよかったか」を**堂々と発表していました**[B]。友だちの頑張りを認め、ほめ合うことで、クラス全体の意識を高めようとする姿勢が立派でした。

文例③ 学級会に向けて、積極的に議題を提案しています。みんなで話し合って考えていくことの大切さを理解し、**行事や学級活動などを通してみんなが楽しく過ごすにはどうしたらよいか**[C]を考えていることがよくわかります。

言い換え表現

A ものおじせず ➡ 積極的に

B 堂々と発表していました ➡ 大きな声で発言していました

C 行事や学級活動などを通してみんなが楽しく過ごすにはどうしたらよいか ➡ クラスのみんなが楽しく過ごすためにできることは何か

エピソード③ 学級遊び

学級遊びで、さまざまな企画を提案し、みんなが楽しめる活動にした。

POINT

誰に言われたわけでもなく、自分の役割を自覚して行動に移す態度を、具体的な場面を通して評価します。

文例① クラスの楽しい様子をビデオに撮って提案するなど、アイデアと行動力で学級を**力強くリードしました**[A]。

文例② 学級遊びでは、○○くんが進行役を務めると歓声がわき、ゲームが盛り上がります。天性の明るさでみんなを楽しませることができ、**学級にはなくてはならない存在**[B]です。

言い換え表現

A 力強くリードしました ➡ 学級全体を盛り上げました

B 学級にはなくてはならない存在 ➡ とても頼もしい存在

エピソード4 係活動

係活動に積極的に取り組み、クラス全体によい影響を与えた。

POINT
みんなのために進んで仕事を行う姿勢と、広い視野から自分に何ができるかを考えて行動する力を評価します。

文例① 鍵盤ハーモニカ係として、音楽の時間が始まる前に、黒板に鍵盤ハーモニカの見本を貼り、指使いの練習ができるように準備をしました。「みんなが見てわかりやすい場所に貼りつけよう」などと見る人の立場に立って、**責任をもって取り組むこと**[A]ができました。

文例② 体育係として体育の時間以外に係でできることを考え、寒い日に教室に残っている子がいないように、休み時間になると「みんなで大なわしようよ」と呼びかけていました。○○さんたち体育係が声をかけることで、**クラスのみんなが外で一緒に仲よく遊ぶ機会が増えました**[B]。

文例③ 新聞係となり、毎週学級新聞を作り発行しました。その週の誕生日の友だちにインタビューをしたり、係からのお知らせがないか取材をしたりしながら記事の内容を考え、**クラスのみんなが楽しめる新聞**[C]を作ることができました。

言い換え表現

A **責任をもって取り組むこと** ➡ 最後まで根気強く取り組む

B **クラスのみんなが外で一緒に仲よく遊ぶ機会が増えました** ➡ クラスのみんなも元気に遊んでいます

C **クラスのみんなが楽しめる新聞** ➡ 友だちみんなが読みたくなる新聞

エピソード5 お楽しみ会

お楽しみ会の鬼遊びの進行で、みんなが楽しく遊べるように、鬼を決めたり時間調整をしたり、先頭に立って行動した。

POINT
先頭に立って動き、クラスみんなが楽しく遊べたことを評価します。子どもにも保護者にも、わかりやすい所見となるようにします。

文例① 学級のお楽しみ会では、鬼遊びの時間にみんなをまとめることができました。**鬼をやる人を手際よく決めたり**[A]、時計を見ながら時間を調整したりするなど、遊びに時間をたっぷりと使い、**みんなで充実した時間を過ごすことができました**[B]。

文例② お楽しみ会では、鬼遊びの係として、率先して鬼を決めたり時間の調整を行ったりしました。**みんなの楽しい時間のために進んで動こうとする姿勢**[C]が立派でした。

言い換え表現

A **鬼をやる人を手際よく決めたり** ➡ 鬼役を率先して決めたり

B **みんなで充実した時間を過ごすことができました** ➡ みんなが満足できる遊び方を提案することができました

C **みんなの楽しい時間のために進んで動こうとする姿勢** ➡ みんなで楽しく活動するために働きかける姿勢

エピソード⑥ 異学年交流

1年生が楽しめるように、知恵をしぼって企画を考え、クラスの仲間に積極的に声をかけた。

POINT

下級生とのかかわりの中でクラスをまとめたことを評価します。その姿が学級のみんなにどう映ったのかを具体的に記述します。

文例① 1年生との異学年交流では、1年生が楽しめるような遊びを提案し、周囲の状況をよく見た行動をするなど、係の仲間と協力しながら**クラスの中心となって交流を進める**[A]ことができました。

文例② 異学年交流では、下級生の目線の高さに合わせて話をしたり、スムーズに進行できるように時間を意識したりしながら、みんなに声をかける姿が**頼もしかったです**[B]。

言い換え表現

A **クラスの中心となって交流を進める** ➡ リーダーとなって企画する

B **頼もしかったです** ➡ 心強かったです／輝いていました

Type 07 積極的に自己表現できる子

自分なりの思いや考えをさまざまに表現できる

エピソード① 学級会

学級会で学校生活のルールについて話し合ったとき、根拠をはっきりさせ自分の考えを積極的に発表した。

POINT
クラスの話し合いの場面で、学校生活をよくしたいという気持ちをもちながら、自分の意見をしっかりもって学級会に参加していたことを評価します。

文例① 学級会で学校生活のルールについて話し合ったときには、具体的な場面を想定しながら意見を出すことができ、一人ひとりが日常生活を**振り返ること**[A]ができました。

文例② 学級会では友だちの意見をよく聞いて、賛成や反対など理由をつけて発言することができます。**自分の意見をしっかりともっていること**[B]がわかります。

言い換え表現

A **振り返ること** ➡ 振り返りながら話し合いを進めること

B **自分の意見をしっかりともっていること** ➡ 学校やクラスの生活をよくするためにどうすればよいか自分の意志で考えること

エピソード② お楽しみ会

クラスのお笑い担当で、いつも周囲を笑顔にさせ、みんなが恥ずかしがるような出し物でも気軽に引き受けてクラスを楽しませてくれました。

POINT
ムードメーカーは、友だちと笑い合う時間を大切に思い、かかわろうとする、クラスに欠かせない存在です。その態度が、クラスの仲間に与えるよい影響を意識して評価します。

文例① ○○くんの明るさがクラスを楽しくするきっかけになっています。大事な場面では、自ら口火を切って**仲間の前に飛び出していきます**[A]。

文例②「恥ずかしいなんてもったいない」という言葉から、進んで前に出てみんなを引っ張ることが、自分のよさだということに気づいていることがわかります。モノマネやコント、漫才など楽しいことを考え出すアイデアマンで、いつもクラスのムードメーカーとして場を盛り上げ、みんなを**笑顔にしてくれました**[B]。

文例③ 人前に立ってもものおじせず、堂々と自分を表現できることは、**○○くんの強みとなっていくはずです**[C]。今後も、明るくにぎやかなクラスの雰囲気をつくっていってほしいと願っています。

言い換え表現

A 仲間の前に飛び出していきます ➡ 仲間を盛り上げます

B 笑顔にしてくれました ➡ 楽しませてくれました

C ○○くんの強みとなっていくはずです ➡ ○○くんの持ち味となっています／○○くんの長所です

エピソード③ 1/2成人式

「1/2成人式」で、これまでの自分の生活や成長、今後の目標などについて、堂々と発表することができた。

POINT

10歳を祝う1/2成人式は、高学年直前の子たちが、ちょっぴり大人っぽく頼もしく見える活動です。4年生でどのようなことができるようになったのかを伝えます。

文例① 1/2成人式では、体育館に響き渡る凛とした声で、将来の夢を伝えることができました。大勢の人の前に立っても**ものおじせず堂々と発表する姿**[A]に○○くんの成長を感じました。

文例②「1/2成人式」の呼びかけでは、自分のこれまでの成長を振り返るとともに、高学年に進級するにあたっての決意を、**一語一語に気持ちを込めて述べる**[B]ことができました。堂々とした姿は頼もしい限りです。

言い換え表現

A ものおじせず堂々と発表する姿 ➡ 自分らしさを出して発言する姿勢

B 一語一語に気持ちを込めて述べる ➡ 丁寧に心を込めて述べる

エピソード④ 係活動

自分で思ったことを進んで友だちに伝えて、係活動の仕事を工夫できた。

● POINT
友だちと協力しながら係活動ができたことを評価します。自主的に行動に移せる力も評価するとよいでしょう。

文例① お楽しみ係として、係の友だちと話し合いをくり返し、学級遊びを決めることができました。みんなが喜ぶ遊びはどんな遊びか、考えて工夫する姿勢にやさしさを感じました。係活動を通して、**自分の思いを言葉にして伝える力を**[A]伸ばしました。

文例② 新聞係では、同じグループの友だちと話し合い、よりおもしろい新聞をつくるための作戦を考え出しました。友だちに「どんな新聞を読みたいですか？　意見のある人はこのポストに入れてください」と進んで声をかけるなど、**積極性も高めました**[B]。

文例③ 落とし物係となり、日々の落とし物をなくすにはどうすればよいのか、係の仲間と一緒に考えました。帰りの会でその日の落とし物を紹介することを実行し、クラスの落とし物の数を減らすことができました。○○さんたちの自主的な活動から、「**物を大切にしよう**[C]」という気持ちがクラス全体に伝わりました。

言い換え表現

A **自分の思いを言葉にして伝える力を** ➡ 表現力を
B **積極性も高めました** ➡ 積極的に○○しました／意欲的に○○しました
C **物を大切にしよう** ➡ 落とし物に気をつけよう

エピソード⑤ 朗読発表会

朗読発表会では、聞いている人を意識し、朗読のポイントを考えながら人をひきつけることができた。

● POINT
声の強弱や会話文の言い方などを工夫し、聞いている人をひきつけるような朗読ができるのは、意欲の高まりの表れです。表現することに楽しみを感じていることを評価します。

文例① 朗読発表会では、会話文の言い方や声の強弱に気をつけ、聞いている人を**物語の世界にひき込むような朗読**[A]をすることができました。

文例② 朗読発表会では、朗読の工夫を楽しみながら聞き手をひきつけるような朗読をすることができました。**自分の考えや気持ちを表現することができるようになっています**[B]。

言い換え表現

A **物語の世界にひき込むような朗読** ➡ 聞き手をひきつける読み方

B **自分の考えや気持ちを表現することができるようになっています** ➡ 言語表現力が高まってきています

エピソード⑥ 異学年交流

自分よりも年下の子どもたちとかかわるとき、相手が喜ぶことを考え、相手の思いに耳を傾けることができた。

POINT

自分よりも年下の子どもたちへのまなざしの温かさや、相手意識をもった対応の素晴らしさを伝えます。相手の思いに寄り添い支えてあげようとする姿勢も評価するとよいでしょう。

文例① お正月交流会では、「どの遊びがしたい？　こまは右まわしでひもを巻きつけてね」と、1年生に進んで声をかけることができました。**相手の表情を読み、困ったことを聞いてあげる**[A]など、不安を取り除くやさしさをもっています。

文例② 読み聞かせ発表会では、1年生が好きそうな本を予想して作れば、喜んでくれるだろうというアイデアをクラスのみんなに提案しました。**みんなに自分の思いを堂々と伝え、行動に移す**[B]ことができます。

言い換え表現

A **相手の表情を読み、困ったことを聞いてあげる** ➡ まわりに目を向け、よく気づいてあげる

B **みんなに自分の思いを堂々と伝え、行動に移す** ➡ みんなに気持ちをまっすぐに伝え、すぐに行動する

Type 08 友だちとのかかわりがよくできる子

フレンドリーで、誰とでも自然に仲よくできる

エピソード❶ 学級会

学級会で積極的に意見を発表したことから話し合いが進み、みんなの意見がまとまった。

● POINT
学級会で意見を言うことができる積極性や、友だちと協力して問題を解決しようとする態度を評価します。

文例① 学級会で、始業の時間や教室のルールについて話し合ったときは、みんなに注意を促す意見を発表しました。みんなが素直な気持ちで出来事を振り返ることができたのは、○○くんへの信頼からだと思います。これからも、**誰に対してもやさしく誠実な心**[A]を大切にしてください。

文例② 学級生活の課題に関心をもち、学級で起こっている問題について、自分の考えと友だちの考えを比べながら話し合うことができました。**友だちと協力して課題を解決していこうとする態度**[B]が身についています。

言い換え表現

A **誰に対してもやさしく誠実な心** ➡ 自分らしさを出して発言する姿

B **友だちと協力して課題を解決していこうとする態度** ➡ 友だちとともに課題を解決していこうとする姿勢

エピソード❷ 係活動 〜図書係〜

図書係の活動で、仕事の時間と読書の時間が平等になるように、係の友だちと話し合い、仕事を効率よく進めた。

● POINT
話し合った内容よりも、話し合いで仕事の内容をよりよくしようとした姿勢を評価します。これからも、話し合いでの解決を促すことがねらいです。

文例① 図書係の活動では、係全員が仕事も読書もできるように、友だちと話し合いながら分担を決めていきました。仕事をよりよくするために、**意見を交わそうとする姿勢**[A]が立派でした。

文例② 読書の時間に、みんなが仕事も読書もできたほうがよいと考え、図書係の友だちと話し合っていました。そのおかげで、**平等に係の仕事が行き渡り**[B]、全員が落ち着いた読書の時間を過ごせるようになりました。

言い換え表現

A 意見を交わそうとする姿勢 ➡ 話し合って決めようとする姿勢

B 平等に係の仕事が行き渡り ➡ 係の人も読書ができるようになり

エピソード❸ クラブ活動　～音楽クラブ～

新しい音楽クラブの立ち上げのために、賛同者を集めて設立に成功した。

POINT

音楽クラブを立ち上げるために、たくさんの賛同者を集め、設立に成功したコミュニケーション能力と行動力を評価します。

文例① 音楽クラブを立ち上げるために、前年度から準備して賛同者を集め、実際につくることができました。その行動力とコミュニケーション能**力は素晴らしいです**[A]。

文例② 新しい音楽クラブの活動を軌道にのせるために、みんなの希望をリサーチしたり、演奏できる曲を探したりしました。音楽が好きだという気持ちが**仲間を引っ張る原動力**[B]になっています。

言い換え表現

A ～は素晴らしいです ➡ ～には脱帽です

B 仲間を引っ張る原動力 ➡ 仲間に伝わり、大きな力

エピソード❹ お楽しみ会

お楽しみ会の準備では、休んでいた子に声かけし、友だちと協力して準備を進めることができた。

POINT

みんなの交流を図るために行うお楽しみ会で、休んでいた子を気づかったり、話し合いを重ねてみんなが楽しめる出し物を考えたりできたことを評価します。

文例① お楽しみ会の計画で、出し物を考える日に休んでいた友だちがいたときには、その子が登校すると「私たちのグループでやろう」と、やさしく声かけし、心配していた**友だちの不安を取り除くことができました**[A]。

文例② お楽しみ会で「変装クイズ」を行ったときには、友だちと楽しく相談しながら台本を考えていました。**本番ではみんなが大笑いする姿を見ることができ**[B]、協力して準備をした成果を感じることができました。

言い換え表現

A 友だちの不安を取り除くことができました ➡ 友だちの気持ちを落ち着けることができました

B 本番ではみんなが大笑いする姿を見ることができ ➡ 本番ではみんなから好評価を受けることができ／当日は友だちが心から楽しんでいる姿を見ることができ

エピソード⑤ 異学年交流

1年生の面倒をよく見ており、上級生として適切なかかわり方をすることができた。

POINT
1年生とのかかわりは、大きく成長するひとつの要素です。上級生として適切なかかわり方ができたことを評価することで、他者とのかかわり方を見直すきっかけにつなげます。

文例① 面倒見がよく、○○さんのまわりには、いつも下級生の笑顔があふれています。ときには厳しく注意するなど、やさしいお姉さんとしてだけでなく、**上級生としての自覚をもってかかわることができました**[A]。

文例② 1年生とのかかわりを通して、友だちへの気づかいができるようになり、**同級生へのかかわり方にも変化が見られました**[B]。

言い換え表現

A 上級生としての自覚をもってかかわることができました ➡ 先輩として「よいことはよい、悪いことは悪い」と言うことができました

B 同級生へのかかわり方にも変化が見られました ➡ 同級生にもやさしく丁寧に接するなどの成長が見られました

Type 09 さまざまな場面でよさを発揮する子

テストの成績に表れない頑張りや努力ができる

エピソード① 学級活動

明るい性格で、どの学級活動においてもクラスの雰囲気を明るくしていた。

POINT

明朗快活でクラスのムードメーカーであることや、礼儀正しく人に接することのできるところを評価します。

文例① クラスの元気がないとき、○○くんのひと言で、みんなの表情がパッと明るくなったことが何度もありました。**大切なときは礼儀正しく**[A]、楽しむときは元気にはじける明るさを、これからも大切にしてほしいと思います。

文例② いつも明るく朗らかで、**クラスのムードメーカーになっています**[B]。来校者と廊下ですれ違うと、「こんにちは」と元気にあいさつすることができる礼儀正しさも、クラスのお手本になっています。

言い換え表現

A 大切なときは礼儀正しく ➡ お客さまと対面したときは大きな声できちんとあいさつをして

B クラスのムードメーカーになっています ➡ 教室を元気な雰囲気にしてくれます

エピソード② 係活動 ～生き物係～

学級のためにはどんな苦労も惜しまず、毎朝誰よりも早く登校し、水やりや掃除を欠かさず行った。

POINT

普段あまり目立たない子ほど、このような活動を進んでやっています。生き物係になり、植物の苗や種から花を咲かせ、しっかり世話をしていることを、子どもの日々の様子をよく観察して評価します。

文例① 学級テラスで育てている植物や野菜を愛情一杯に世話して、大きく生長していく様子を見守る姿から、**○○さんの生き物に対する愛情**[A]を感じます。

文例② テラスがきれいなまま保たれるようにと、朝早くから登校して**黙々と掃除をする**[B]など、「みんなのために」の意識が定着しています。

文例③ ヒマワリ、ホウセンカなどを種や苗から愛情深く育て、花を咲かせ実をつけることができました。写真を撮って植物新聞に載せるなど、**自分で考えて**[C]係の仕事をしていく姿勢は素晴らしいです。

文例④ 観察台で育てている植物に水をあげるために、ストローをつなげて水やり装置を作るなど、試行錯誤しながら楽しそうに活動しています。創意工夫する姿勢は**いろいろな場面で生かされて**[D]いくことでしょう。

言い換え表現

A **○○さんの生き物に対する愛情** ➡ ○○さんの生き物に対するやさしさ
B **黙々と掃除をする** ➡ 率先して掃除をする
C **自分で考えて** ➡ 自分で工夫して
D **いろいろな場面で生かされて** ➡ いろいろな場面で役立って

特別活動
Type 09
さまざまな場面でよさを発揮する子

エピソード③ クラブ活動　～バスケットボールクラブ～

4年生になってからバスケットボールを始め、みんなに追いつこうと心に決めて熱心に練習を続けた。

POINT
真剣にボールを追い続ける集中力を評価します。3年生の頃からの変化を通してプレーに表れた、心の成長を明らかにします。

文例① 絶対にうまくなりたいと願い、ひたむきにボールを追い続けてきたことが**自信となり、力となっています**[A]。

文例② 早くみんなに追いついて、**同じチームでプレーしたい**[B]という強い思いが、ボールを追うときの真剣な表情から伝わります。

言い換え表現

A **自信となり、力となっています** ➡ 実力として表れ、成長を感じます
B **同じチームでプレーしたい** ➡ 一緒にボールを追いかけたい

エピソード④ 学級遊び

学級遊びで友だちと順番を譲り合うなど、よりよいかかわりができた。

● POINT
遊びを通じて、友だちとよいかかわりができたことを評価し、人とよりよくかかわろうとする意欲につなげます。

文例① 学級でこま回しをしました。次々に得意な技を披露するだけなく、友だちに**やり方を教えたり**[A]、順番を譲り合ったりすることができました。

文例② 学級遊びでこま回し体験をしたとき、回し方のコツを教えながら楽しく活動できました。**人間関係を築く力の高まりを感じます**[B]。

言い換え表現

A **やり方を教えたり** ➡ 技のコツを伝授したり

B **人間関係を築く力の高まりを感じます** ➡ 友だちとよいかかわりができています

エピソード⑤ 1/2成人式

1/2成人式の朗読で、いきいきと詩の世界を表現することができた。

● POINT
10歳を祝う晴れ舞台で、堂々と詩の朗読ができたことを評価することで、その子どもの成長を伝えます。

文例① 1/2成人式の朗読では、胸を張り、凛とした表情で、詩の世界を表現することができました。広い体育館で**堂々と朗読する姿**[A]に、大きな成長を感じました。

文例② 真っ直ぐ前を向き、朗らかに詩の朗読をした「1/2成人式」では、その発表に会場にいる人たちがその世界に**ひき込まれました**[B]。大勢の前でも自分らしく表現するその姿に、成長を感じます。

言い換え表現

A **堂々と朗読する姿** ➡ 元気よく朗読する姿

B **ひき込まれました** ➡ 胸を打たれました

Type 10 人望がある子

目立たないが、縁の下の力持ちとしてクラスを支える

エピソード❶ 話し合い活動

話し合い活動では、常に建設的な意見でクラスをまとめることができる。

POINT
相手の立場で考え、人の気持ちを大切にできることに着目します。具体的な話し合いの内容など、客観的な視点で書くとよいでしょう。

文例① 展覧会のスローガンを決める話し合いでは、司会者となって前に立ち、**たくさん挙げられたみんなの意見を一つひとつ大事にして**[A]、よりよい言葉にまとめようと努力することができました。

文例② 学芸会の大道具づくりでは、場面に合ったものをつくるために、**友だちの考えを尊重しながら自分の思いを伝え**[B]、素晴らしい舞台背景をつくり上げることができました。

言い換え表現

A たくさん挙げられたみんなの意見を一つひとつ大事にして ➡ みんなが発表した一つひとつのアイデアを取り入れて

B 友だちの考えを尊重しながら自分の思いを伝え ➡ みんなの意見を大切に受け止めながら自分の意見も述べ

エピソード❷ 学級活動

学級の話し合い活動では、相手を意識して、試行錯誤しながら話し合いをまとめることができた。

POINT
相手を意識し、相手の喜ぶことをしてあげようという思いやりやさしさを評価します。また、それをいかに実現させようとしたかのエピソードも記述するとよいでしょう。

文例① クラスに何か大きな出来事がある際は、「学級会で話し合おう」と一番に提案することができました。みんなで話し合う時間の中で、どうしたらクラスのためになるか**熱心に意見を言うことができました**[A]。

特別活動
Type 10
人望がある子

文例② 転校生のために何かできることはないか、○○さんが率先して、みんなで話し合うことができました。相手の喜ぶ顔をイメージしながら、手紙を書いたりプレゼントを用意したり、全力を尽くす姿に**友だち思いのやさしさ**[B]を感じました。

言い換え表現

A 熱心に意見を言うことができました ➡ 進んで意見を言うことができました／たくさん発言できました

B 友だち思いのやさしさ ➡ 友だちを大切にするやさしさ／友だちの気持ちを考えて行動できる○○さんのあたたかい心

エピソード❸ 委員会活動

代表委員会の活動に主体的に取り組んだ。あいさつを広げるため、みんなの先頭に立って行動した。

● POINT

学校のために自分にできることを考え、主体的に活動したことを保護者にも伝えます。「やらされる」のではなく、「自分からやる」という姿勢を大切にします。

文例① 代表委員として、学級のことだけでなく、学校全体にも目を向けることができるようになりました。「あいさつ月間」では自主的に校門に立って、**意欲的に取り組みました**[A]。もうすぐ高学年になる自覚が感じられます。

文例② 「あいさつ月間」では、代表委員として、みんなの先頭に立ってあいさつをすることができました。誰にでも自然にあいさつできる姿は、**同級生のよきお手本**[B]となり、クラスにも明るいあいさつが響き渡るようになりました。

言い換え表現

A 意欲的に取り組みました ➡ 主体的に取り組みました／積極的に活動しました／大きな声で自分からあいさつをする姿が見られました

B 同級生のよきお手本 ➡ みんなの模範／同級生の道しるべ

エピソード❹ お楽しみ会

意欲的に参加し、みんなが楽しく過ごせるお楽しみ会を開催することができた。

● POINT
クラス全員が楽しく過ごすことをいちばんに考え実行する、積極性や行動力を評価します。

文例① クラスで学期末のお楽しみ会の計画をしたとき、真っ先に挙手して発言していました。**みんながワクワクするようなアイデア**[A]を、たくさん提案することができました。

文例② 「出し物をしたいです。歌と踊りがあるといいと思います」と発言して、本番に向けて友だちと仲よく練習していました。当日は**積極的に参加し**[B]、みんなで楽しく過ごすことができました。

言い換え表現

A **みんながワクワクするようなアイデア** ➡ みんなで楽しめるような遊び

B **積極的に参加し** ➡ 自ら意欲的に加わり

エピソード❺ 落ち葉掃き集会

率先して落ち葉を掃き、安全に気をつけるよう声をかけることができた。

● POINT
自ら進んで落ち葉を掃き、みんなの安全を考えながら活動できた様子や、その一生懸命な様子がまわりの子の意識を高めたことを評価します。

文例① 落ち葉掃き集会では、みんなの安全に気を配って友だちに声かけし、**安全に**[A]清掃することができました。

文例② 落ち葉掃き集会では、**ごみや落ち葉がないかをよく見て**[B]清掃することができました。○○さんが率先して積極的に働くことで、みんなの意欲を高めました。

言い換え表現

A **安全に** ➡ 車に気をつけて／危険な物を避けて

B **ごみや落ち葉がないかをよく見て** ➡ 隅々までよく確認して

Type 11 特別な支援で力を発揮できる子

サポートがあれば、前向きに取り組むことができる

エピソード❶ 学級活動

スピーチや発表のときに、少しずつ大きな声で話せるようになってきた。

POINT
人前で話すときに、落ち着いて話せる方法を家で話し合ったり自分で考えたりするなど、努力が着実に成果につながっていることを評価します。

文例① 朝の会のときなど、発表するときの表情が柔らかく、大きな声で堂々と話すことができるようになってきました。落ち着いた態度で臨み、**本人やご家族で努力を積み重ねてきた成果が着実に表れています**[A]。

文例② 日直のスピーチでは、自分が話しやすい言葉で原稿を準備してきました。「話すこと」に少しずつ自信をもってきたことが、声の大きさから伝わってきます。本人の努力やご家庭の励ましが、**成長につながっています**[B]。

言い換え表現

A 本人やご家族で努力を積み重ねてきた成果が着実に表れています ➡ 少しずつ重ねてきた努力が成果として表れ、自信につながっています

B 成長につながっています ➡ 成果となっています

エピソード❷ 係活動 ～生き物係～

他の子から頼まれた係の仕事を嫌がらずに引き受け、黙々とやり遂げた。

POINT
頼まれたことを嫌がらずに引き受けたことだけでなく、素直に仕事のやり方を受け入れるその姿勢を評価します。

文例① 係活動では、生き物係として、同じ係の**友だちに頼まれた仕事を黙々と行いました**[A]。メダカにとって住みやすい環境づくりに取り組むことができました。

文例② 友だちに仕事の仕方を教えてもらいながら、アドバイス通りに生き物係の仕事を行うことができました。○○くんが世話をしたメダカの水槽は**いつもピカピカです**[B]。

言い換え表現

A **友だちに頼まれた仕事を黙々と行いました** ➡ 友だちにアドバイスを受けたらすぐに行動に移しました

B **いつもピカピカです** ➡ 常にきれいです

エピソード③ 係活動 ～忘れ物係～

係の仕事に対して、一生懸命取り組むことができた。

POINT
目立ちはしませんが、自分に与えられた仕事には責任をもって取り組んでいることを評価します。

文例① 忘れ物チェック係として、毎朝31人分の宿題を**チェックしていました**[A]。朝の短い時間の中で、朝の会までに間に合うように急いで調べていました。責任感の強さを感じます。

文例② 宿題を出し忘れている友だちには丁寧に声かけしているので、出し忘れる人がほとんどいなくなりました。毎日の仕事に対し、**責任をもって取り組むこと**[B]ができています。

言い換え表現

A **チェックしていました** ➡ 丁寧に調べていました

B **責任をもって取り組むこと** ➡ 意欲的に活動すること

エピソード④ 係活動 ～栽培係～

栽培係として、花壇の苗植えを行った。

POINT
自分が栽培係であることにとまどいながらも活動に参加し、花の苗を植えたり水をやったりしたことを評価して伝えていきます。

文例①　「ぼくは、花を育てるのが得意なんだ」と言う通り、花壇に花の苗を植える作業に参加しました。丁寧に移植ごてを使って植え、**たいへん満足そうでした**[A]。これからも水やりを続け、大切に育てるよう声をかけていきます。

文例②　花の苗植えは暑い中での作業であるにもかかわらず、粘り強く取り組み、やることがわかってくると進んで取り組むようになりました。最後はしっかり水をまき、**係としての責任を果たしました**[B]。

言い換え表現

A たいへん満足そうでした ➡ きれいに咲きそろいました

B 係としての責任を果たしました ➡ 仕事をやり遂げました

エピソード⑤ 学級遊び

自分から集団での遊びに参加したいという意志を示し、みんなとの遊びを楽しむことができた。

POINT

自ら集団の中に入ることで信頼する友だちを見つけ、一緒に遊びを楽しめるようになったことを評価します。

文例①　クラスの友だちがやっている集団での遊びにも、自分から「入れて！」と声をかけ、積極的に参加できるようになりました。友だちに援護してもらいながらドッジボールを笑顔で楽しむなど、**友だち関係を広げることができました**[A]。

文例②　クラスの友だちがやっている遊びに、自分から「入れて！」と言って加わることができるようになりました。**ボールが回ってこなくてもへこたれず**[B]、コートの中を元気に跳びまわり、チームの仲間から大きな声援をもらっていました。

言い換え表現

A 友だち関係を広げることができました ➡ 友だちをたくさんつくることができました／信頼関係を築きました

B ボールが回ってこなくてもへこたれず ➡ ボールに触れなくても不満の声をもらさず

エピソード❻ 学級遊び

気持ちのコントロールができるようになり、ゲームで負けても笑顔で、次のゲームに取り組むことができた。

● POINT
自分の力で前向きに取り組もうとしている姿を示して、できるようになったことを評価します。

文例① 学級遊びの時間には、ゲームで負けてしまってもすぐに気を取り直して、笑顔で次のゲームに取りかかることができます。**気持ちを切り替える**[A]ことで楽しい時間を自分でつくれるようになり、成長を感じます。

文例② 学級遊びのゲームで負けてしまったときでも、「次は頑張るぞ」と、笑顔で**みんなの輪の中に入っていきます**[B]。前向きに取り組む姿を見て、まわりの友だちも嬉しそうです。

言い換え表現

A **気持ちを切り替える** ➡ 前向きに取り組む／嫌なことを気にしない
B **みんなの輪の中に入っていきます** ➡ 仲間に加わります

エピソード❼ 1/2成人式

1/2成人式で、自分の将来の夢を、大きな声で発表することができた。

● POINT
大勢のお客さまの前でもしっかりと発表できたことを評価します。認めることで、本人の自信となるように伝えます。

文例① 「1/2成人式」では、自分の将来の夢である○○について、**まっすぐ前を向き、大きな声で発表する**[A]ことができました。大勢のお客さまの前でも、堂々と発表できたことに、成長を感じます。

文例② 「1/2成人式」では、自分の将来の夢を発表しました。その夢を選んだ理由を一点の曇りもなく発表する姿に、**自信の深まりを感じました**[B]。

言い換え表現

A **まっすぐ前を向き、大きな声で発表する** ➡ 誇らしそうに発表する
B **自信の深まりを感じました** ➡ 大きな自信が感じられました

Type 12 所見を書きにくい子

その子なりの頑張りや努力が見えにくい

エピソード❶ 学級会

学級会で頼まれた書記の仕事をやり、的確な記録をとった。

● POINT
自分の行動が学級の友だちのためになったことを評価し、これからの生活場面でも、少しずつ自分から学級のことにかかわっていこうとする意欲をもてる所見にします。

文例① 学級会で、司会の友だちから書記の仕事を頼まれ、みんなから出された意見を丁寧に記録することができました。後の学級会で、その記録が大きく役に立つものとなりました。人のためになる喜びをこれからも感じていけるよう**指導していきます**[A]。

文例② 学級会では、書記の仕事に取り組みました。人から頼まれたことを確実に行うことで、**議事を円滑に進める**[B]ことができました。やるべきことにしっかり取り組み、これからも実践していってくれることを期待しています。

言い換え表現

A 指導していきます ➡ 支援していきます

B 議事を円滑に進める ➡ 的確な記録をとる

エピソード❷ 学級会

係決めの話し合いのとき、自分のなりたい係になれなかったが、決まった係を受け入れた。

● POINT
自分の思い通りにならなくても、クラスの一員として自分に与えられた役割を果たそうとする姿勢を評価します。

文例① 係決めでは、希望する係になれなかったのですが、気持ちを上手に切り替えて、自分にできることをやろうと心に決めました。**みんなのために役割意識をもって**[A]、仕事をしようとする心情が育っています。

文例② 係活動を決める話し合いで、係活動は学級生活をよりよくするためにみんなで分担するものだと理解し、自分がやりたい係ではなく**役に立つような係**[B]を受け持ちました。○○くんの心の成長が認められます。

言い換え表現

A **みんなのために役割意識をもって** ➡ 自分ができることを考えて

B **役に立つような係** ➡ みんなのためになるような係

エピソード③ 係活動

係活動や当番活動では、飽きることなく最後まで仕事ができるようになった。

POINT

自分の得意分野、興味分野の当番活動であったら、意欲的に取り組めることを指摘します。時間の経過とともに、できるようになってきた成長過程を評価します。

文例① カメ係として、休み時間に散歩をさせたり水槽の水かえをしたりと意欲的に取り組むことができました。今後は、どんな係活動でも**友だちと協力して責任をもって最後まで仕事をする**[A]ように指導をしていきます。

文例② 朝一番の仕事、保健係では、「絶対に忘れないで仕事やる」と心に決めてから、毎日しっかり忘れずに保健版を校長室に持っていき、出席状況などを伝えることができました。**根気強く仕事をしようという気持ち**[B]が育っています。

文例③ 給食当番活動に取り組む中で、自分の苦手な仕事もあることや、みんなで協力しないと配膳ができないことに自ら気づくことができ、だんだんと**友だちにゆずるやさしい気持ち**[C]が育ってきました。

言い換え表現

A **友だちと協力して責任をもって最後まで仕事をする** ➡ 仲間と力を合わせて仕事をやり遂げる

B **根気強く仕事をしようという気持ち** ➡ 仕事に対する責任感

C **友だちにゆずるやさしい気持ち** ➡ 相手の気持ちを考える姿勢

エピソード④ 係活動　クラブ活動

学習面では、自己表現が苦手だが、係活動やクラブ活動は意欲的に取り組む。

POINT
係やクラブなど、自分の好きな分野・得意な分野の活動で意欲的な姿勢を評価します。その分野でしか見せない目を輝かせて活動する様子を、保護者にわかりやすく伝えます。

文例① 装飾係として、得意の絵を生かし、毎月その暦に合ったポスターを描き、クラスに季節を感じさせてくれます。○○さんのポスターは**教室に花を添えています**[A]。

文例② 小さい頃から続けているバドミントンの特技を生かし、クラブ活動に一生懸命取り組んでいます。ラケットを握っているときの○○さんは別人のように輝き、**自信に満ちあふれているのを感じます**[B]。

言い換え表現

A 教室に花を添えています ➡ 教室を華やかにしています
B 自信に満ちあふれているのを感じます ➡ 楽しそうに活動しています

エピソード⑤ クラブ活動　委員会活動

クラブ活動や代表委員の活動では、学級では見せない意欲を見せている。

POINT
クラブ活動や代表委員の活動のときには、学級ではなかなか見せないやる気を見せるその意欲を評価します。

文例① クラブ活動で作った、紙コップを使って飛ばす作品を嬉しそうに、廊下で何度も飛ばしていました。その後のクラブ活動でも意欲をもち、準備をしっかりとして取り組んでいます。これを機に、**学習面でのやる気につなげていきたいと思います**[A]。

文例② 代表委員に選出され、子ども祭りのマップ作りを担当して、自分で工夫してしっかりやり遂げることができました。仕事の重要性を自覚し、**期日までに仕上げることができたのは、大きな進歩です**[B]。

言い換え表現

A **学習面でのやる気につなげていきたいと思います** ➡ 学習に対しても準備の大切さを話していきたいと思います

B **期日までに仕上げることができたのは、大きな進歩です** ➡ 期日を守るということは、学習面でも生かせると思います

エピソード❻ 読書月間

読書月間という機会を利用して、目標に向かってたくさんの本を読むことができた。

● POINT

本を多く読むことで世界観を広げることができ、周囲の友だちにもよい影響を与えることができます。意欲的に読書に励み、目標を達成していったことを評価します。

文例① 読書月間ではたくさんの本を読み、クラスで表彰され、たくさん読んだ人だけがもらえる「しおり」をもらいました。**豊かな心を育むために多くの本を読んでいて素晴らしいです**[A]。これからも、よい習慣として継続できるように励ましていきます。

文例② 1学期は読書が得意でないと言っていた○○さんですが、2学期の読書月間になって、仲のいい友だちから「一緒に図書室に行こうよ」と声かけされたのをきっかけに、たくさんの本にふれるようになりました。**この意欲が継続するよう支援していきます**[B]。

言い換え表現

A **豊かな心を育むために多くの本を読んでいて素晴らしいです** ➡ 視野を広げるためにたくさんの本にふれています／さまざまな本にふれ、豊かな世界観を養っています

B **この意欲が継続するよう支援していきます** ➡ やる気が継続するよう声かけしていきます

子どものタイプ別 INDEX

Type 01 こつこつ頑張る子

Type 02 一芸に秀でた子

Type 03 知識が豊富な子

Type 07 積極的に自己表現できる子

Type 08 友だちとのかかわりがよくできる子

Type 09 さまざまな場面でよさを発揮する子

あとがき

学校では、通知表を書く時期になると、次のような言葉が聞かれます。

「所見を書いていて、その子どものよさを再認識した」

「その子らしさを伝えやすい子と伝えにくい子がいる。やはり見取りがうまくできなかった子は書きにくい」

「いくらほめようと思っても、最後に『素晴らしかった』をつけただけでは、ほめたことにならない。ほめ言葉だけではない、説得力のある内容が必要である」

説得力のある所見を書こうと目指していても、それはいつも難しく、悩みの連続でもあります。

そのような悩みと苦闘の中、私たち自身が所見の書き方を学びながら、いくつかのことをつかんできました。

まず、何よりも「子どもの光り輝く部分に焦点を合わせる」ことが大切であること。そして、そのためにはそれを見取る力が必要であることです。

子どものよさは行事の中や授業中、友だちとのかかわり方などを通して見えるものです。そのよさが見つけられず、光らない部分を光らせようとすると無理が生じ、とても難しいものになってしまいます。

どの子どもの中にも必ずある、その光り輝く部分をぜひ見つけてほしいと思います。また、それを見つけることが私たち教員のいちばんの使命です。

そして、次に行うことは、その子のよさを具体例を挙げながら価値づけしていくことです。具体例がないと、抽象的で一般的な文章になり、その子ならではのよさが生き生きと伝わりません。

「本当に使えるものをつくりたい」という願いから、この本の制作を始めました。そして、子どもたちの一人ひとりの顔を思い浮かべながら、「この学級での様子を知らせることができれば」と話し合い、執筆を始めました。

この書き方を身につけることは、とりもなおさず、学級経営力を上げることです。この書き方を学びながら、教員としての力を高めていってほしいと思います。

この本がみなさんの学級経営の一助となることを心から願っています。

2021年5月　執筆陣を代表して

世田谷区教育委員会教育長　渡部 理枝

● 執筆者（五十音順）

岡島謙太
神戸純子
小島裕子
髙橋壮昌
瀧藤 潤
長嶺香代子
橋本ひろみ
三富哲雄
物井優羽子
山崎仁美
山田由美子
依田哲治
（東京都公立小学校勤務）

● 編著者

渡部 理枝（わたべ・りえ）

世田谷区立芦花小学校長、尾山台小学校長を経て、世田谷区教育委員会教育長。
専門は教育相談、キャリア教育。
子どもたちが、自分のよさや可能性を信じ、多くの人たちと協働しながら学び、自らの思い描く未来を実現するための教育を推進している。

デザイン・DTP　三浦 悟・本田理恵（trap）
イラスト　クー
取材・構成協力　梨子木志津・浅海里奈（カラビナ）
編集協力　カラビナ
編集担当　遠藤やよい（ナツメ出版企画株式会社）

本書に関するお問い合わせは、書名・発行日・該当ページを明記の上、下記のいずれかの方法にてお送りください。電話でのお問い合わせはお受けしておりません。

- ナツメ社 web サイトの問い合わせフォーム https://www.natsume.co.jp/contact
- FAX（03-3291-1305）
- 郵送（下記、ナツメ出版企画株式会社宛て）

なお、回答までに日にちをいただく場合があります。正誤のお問い合わせ以外の書籍内容に関する解説・個別の相談は行っておりません。あらかじめご了承ください。

1人1人の個性を生かした
通知表の書き方＆文例集 小学校中学年 第2版

2013 年 3 月 22 日　初版発行
2021 年 6 月　4 日　第 2 版第 1 刷発行

編著者　渡部理枝
発行者　田村正隆
発行所　株式会社ナツメ社
東京都千代田区神田神保町 1-52 ナツメ社ビル 1F（〒101-0051）
電話 03-3291-1257（代表）　FAX 03-3291-5761
振替 00130-1-58661
制　作　ナツメ出版企画株式会社
東京都千代田区神田神保町 1-52 ナツメ社ビル 3F（〒101-0051）
電話 03-3295-3921（代表）
印刷所　ラン印刷社

ISBN978-4-8163-7019-9
Printed in Japan
〈定価はカバーに表示してあります〉
〈乱丁・落丁本はお取り替えします〉